短视频

策划运营

从入门到精通

108招

高军◎编著

U0360583

清華大學出版社
北京

内 容 简 介

本书包括12个专题内容，108个干货技巧，从账号策划、视频策划、标题策划、文案策划、账号运营、数据运营、引流运营、变现运营、短视频平台剖析等方面对短视频策划运营进行全面介绍，帮助大家从短视频运营新手成为高手，轻松完成从0到1万元、10万元、100万元的利润突破。

全书具体内容包括：8种账号设置技巧，快速入门经营；12种视频生产方法，打造热门短视频；14种短视频标题撰写，吸引用户眼球；11种文案编写方式，为短视频持续吸睛；9种账号运营技巧，打造个人品牌；11种数据分析，调整运营方向；11种引流方式，增加短视频浏览量；6种变现渠道，增加经济收益；抖音平台6个方面内容剖析、快手平台6个方面内容剖析、B站平台7个方面内容剖析、视频号平台7个方面内容剖析，帮助读者有针对性地学习和成长。

本书不仅适合普通短视频运营者、自媒体创业者学习，还能用作培训机构辅导书。此外，书中的策划与运营技巧，还能对希望打造个人IP、塑造品牌形象的企业有所裨益。

图书在版编目(CIP)数据

短视频策划运营从入门到精通：108招/高军编著. —北京：清华大学出版社，2021.4（2025.1重印）
ISBN 978-7-302-57899-4

Ⅰ.①短… Ⅱ.①高… Ⅲ.①网络营销—营销策划 Ⅳ.①F713.365.2

中国版本图书馆CIP数据核字(2021)第060972号

责任编辑：张　瑜
封面设计：杨玉兰
责任校对：李玉茹
责任印制：丛怀宇
出版发行：清华大学出版社
　　　网　　　址：https://www.tup.com.cn，https://www.wqxuetang.com
　　　地　　　址：北京清华大学学研大厦A座　　　　邮　　编：100084
　　　社 总 机：010-83470000　　　　　　　　　邮　　购：010-62786544
　　　投稿与读者服务：010-62776969，c-service@tup.tsinghua.edu.cn
　　　质量反馈：010-62772015，zhiliang@tup.tsinghua.edu.cn
印 装 者：天津鑫丰华印务有限公司
经　　销：全国新华书店
开　　本：170mm×240mm　　　印　张：15.25　　字　数：367千字
版　　次：2021年5月第1版　　　印　次：2025年1月第4次印刷
定　　价：59.80元

产品编号：064673-01

前言

随着短视频行业的飞速发展，各种短视频平台不断涌现。视频已经成为人们生活中一种常用的娱乐消遣方式，甚至成为很多人生活中必不可少的一部分。大量用户以短视频拍摄和运营为职业，从中赢得更多的发展机会。一个成功的短视频，能够让拍摄者、运营者以及演员在短时间内吸引大量观众注意。

如今，微信推出了视频号，B站的变现模式被业内人士看好，短视频的流量红利更加诱人，很多短视频账号运营者跃跃欲试，想要在抖音、快手、B站和视频号等主流短视频平台中分一杯羹。

笔者从事电视、媒体和短视频行业多年，深谙视频运营、引流、变现之道，现特将自己多年运营的经验整理成册，希望能对各个短视频运营者和中小企业在运营中起到微薄的帮助作用。本书以短视频策划和运营为核心，以商业变现为根本出发点，内容安排由浅入深，理论结合案例，更加通俗易懂。

短视频运营者在做短视频账号的过程中，只要经过必要的学习，就能快速入门，甚至可以精通运营。不过许多运营者虽然有学习短视频策划和运营的信心，却难以找到合适的参考资料。因为现在市面上的短视频类图书虽多，但其中很多都只停留在理论的层面，看后也不知道如何具体操作。

针对这种现状，笔者结合个人运营经验推出本书。与市面上大部分短视频类图书不同的是，本书立足于实践，书中的内容都结合具体案例进行讲解，让大家一看就懂，一学就会。而且本书还将抖音、快手、B站和视频号的干货知识进行了提炼，让1本书的内容包含了4本书的精华。也就是说，通过本书的学习，运营者可以在较短时间内，快速掌握大部分短视频平台的干货知识，获得更好的变现效果。

本书专为短视频行业的运营新手和致力于利用短视频进行营销及变现的老手量身定制，提供了系统而全面的短视频运营技巧。

本书由高军编著，具体参与编写的人员还有张亮、谭俊杰等人，在此表示感谢。由于作者知识水平有限，书中难免有错误和疏漏之处，恳请广大读者批评、指正。

编　者

CONTENTS **目录**

085　遵守抖音规则 161

086　抖音引流技巧 164

087　抖音基础变现 166

088　抖音延伸变现 171

第 10 章　快手平台：新手也能够成为网红 177

089　快手平台分析 178

090　快手用户了解 180

091　快手营销手段 181

092　快手内部引流 185

093　快手直播变现 190

094　快手变现细节 194

第 11 章　B 站平台：极具发展前景的流量池 197

095　B 站现象趋势 198

096　B 站社区文化 201

097　UP 主管理机制 204

098　B 站专栏内容 207

099　B 站的运营技巧 209

100　B 站推荐引流 212

101　B 站内部变现 215

第 12 章　视频号：异军突起吸引用户关注 219

102　视频号的诞生 220

103　视频号的功能 221

104　视频号的定位 224

105　视频号的运营 225

106　平台横向对比 227

107　视频号的优势 229

108　玩转视频号 230

第1章

账号策划:
进行精准的目标营销

学前提示

在做一件事情之前一定要先找准方向,只有这样才能有的放矢。那么如何找准短视频账号的运营方向呢?如何让你的账号从众多账号中脱颖而出?

其中一种比较有效的方法就是通过账号的定位确定运营的方向,通过信息的设置为账号打上自己的标签。

要点展示

- ▶ 自身情况定位
- ▶ 用户需求定位
- ▶ 稀缺内容定位
- ▶ 品牌特色定位
- ▶ 定位实操技巧
- ▶ 设置账号头像
- ▶ 设置吸睛名称
- ▶ 账号简介设计

▶ 001 自身情况定位

　　什么样的定位，吸引什么样的目标人群。所以，我们有什么样的定位，直接决定了我们要更新什么样的内容，也决定了短视频账号的策划和运营方向，以及我们最终该靠什么赚钱。

　　那么如何进行短视频账号的定位呢？一般来说，短视频账号运营者进行账号定位时可以先从自身情况出发，具体分析如图 1-1 所示。

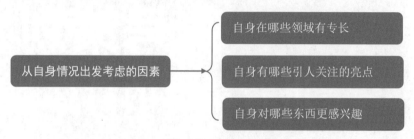

图 1-1　从自身情况出发考虑的因素

　　对于自身具有专长的人群来说，根据自身专长做定位是一种最为直接和有效的定位方法。短视频账号运营者只要对自己或团队成员进行分析，然后选择某个或某几个专长进行账号定位即可。

　　例如，"郭聪明"原本就是一位拥有动人嗓音的歌手，所以他将自己的账号定位为音乐类账号，重点分享了自己的原创歌曲和当下的热门歌曲，如图 1-2 所示。

图 1-2　"郭聪明"发布的短视频

又如，擅长舞蹈的"王小麦"，她拥有曼妙的舞姿。因此，她将自己的账号定位为舞蹈作品分享类账号。在这个账号中，"王小麦"分享了大量的舞蹈类视频，这些作品让她快速积累了大量粉丝，如图1-3所示。

图1-3　"王小麦"发布的短视频

自身专长包含的范围很广，除了唱歌、跳舞等才艺之外，还包括其他诸多方面，就连游戏玩得出色也是自身的一种专长。例如，擅长玩"吃鸡"游戏的博主"一条小团团OvO"，将短视频账号定位为自己玩游戏视频分享的账号，主要分享自己玩游戏的过程。图1-4所示为"一条小团团OvO"发布的短视频。

图1-4　"一条小团团OvO"发布的短视频

由以上案例我们不难看出，只要短视频账号运营者拥有某些领域专长，其专长的相关内容又是比较受用户关注的，那么短视频账号根据自身情况来进行定位，便是一种不错的选择。

▶ 002 用户需求定位

在短视频账号的运营中，如果能够明确用户群体，做好用户定位，并针对主要的用户群体进行营销，那么，短视频账号生产的内容将更具有针对性，从而对主要用户群体产生更强的吸引力，因此参照用户需求进行定位也是一种不错的定位方法。

例如，大多数女性都有化妆的习惯，但有些女性又觉得自己的化妆水平还不太高，因此这些女性往往会对美妆教程类的内容比较关注。在这种情况下，短视频运营者如果对美妆类的内容比较擅长，那么将账号定位为美妆知识分享就比较合适了。图 1-5 所示为定位美妆需求的短视频。

图 1-5　定位美妆需求的短视频

通常来说，有用户需求的内容更容易受到欢迎。因此，结合用户的需求和自身专长进行定位也是一种不错的定位方法，短视频运营者可以通过市面上比较火爆的内容领域来探寻用户需求。

例如，美食烹饪便属于比较火爆的内容之一，许多短视频用户，特别是比较喜欢做菜的短视频用户，通常都会从短视频中寻找一些新菜肴的制作方法。图 1-6所示为定位为美食制作分享的账号。

图1-6　定位为美食制作分享的短视频

　　因为该短视频账号的美食烹饪方法简单好用，所以其发布的短视频内容很容易获得大量播放和点赞。因此，如果短视频运营者自身就是厨师，或者会做的菜肴比较多，那么将账号定位为美食制作分享类账号就是一种很好的定位方法。

　　了解短视频账号的目标用户，是为了方便短视频账号的运营者更有针对性地发布内容，然后吸引更多目标用户的关注，获得更多点赞。关于用户的特性，一般可细分为两类，如图1-7所示。

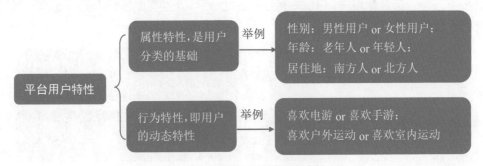

图1-7　平台用户特性分类分析

　　在了解了用户特性的基础上，接下来要做的是怎样进行用户定位。用户的定位过程一般包括3个步骤，具体说明如下。

1. 数据收集

　　收集数据有很多方法可以采用，一般较常见的方法是通过市场调研来收集和整理平台用户的数据，然后再把这些数据与用户属性关联起来。如年龄段、收入和地域等，绘制成相关图谱，这样就能够大致了解用户的基本属性特征。图 1-8 所示为某账号的用户年龄段分析。

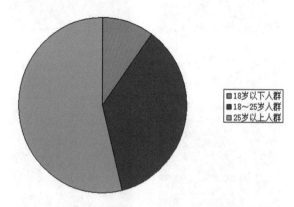

图 1-8　某账号的用户年龄段分析

2. 用户标签

获取了用户的基本数据和基本属性特征后，就可以对其属性和行为进行简单分类，并进一步对用户进行标注，确定用户的可能购买欲和可能活跃度等，以便在接下来的用户画像中对号入座。

3. 用户画像

在做用户定位时，短视频运营者可以从性别比例、年龄阶层、地域分布、星座分布等方面分析目标用户，了解短视频用户的画像，并在此基础上更好地制订针对性的运营策略和做出精准营销。图 1-9 所示为对用户画像的分析。

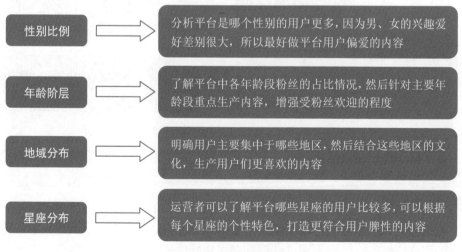

性别比例	→	分析平台是哪个性别的用户更多，因为男、女的兴趣爱好差别很大，所以最好做平台用户偏爱的内容
年龄阶层	→	了解平台中各年龄段粉丝的占比情况，然后针对主要年龄段重点生产内容，增强受粉丝欢迎的程度
地域分布	→	明确用户主要集中于哪些地区，然后结合这些地区的文化，生产用户们更喜欢的内容
星座分布	→	运营者可以了解平台哪些星座的用户比较多，可以根据每个星座的个性特色，打造更符合用户脾性的内容

图 1-9　对用户画像的分析

短视频的内容应该根据目标客户群体来定位和制作，不同的客户群体喜欢不同的视频内容，不同的内容会吸引不同的客户群体，我们必须把它们串联起来，要有总体布局的思维。

▶ 003　稀缺内容定位

每一个短视频平台都有自己的独特性，有的视频内容类型在平台已经饱和，而有些视频内容类型的缺口很大。短视频运营者可以从短视频平台中相对稀缺的内容出发，进行账号的定位。

例如，短视频账号"饭团日记"就是定位为网恋对象是总监的一个账号，像这种专门做系列剧情视频的短视频账号本身就比较少，因此，其内容就具有了一定的稀缺性，如图1-10所示。

图1-10　"饭团日记"发布的短视频

随着移动网络的发展，在网上进行交友最后还发展成情侣的人挺多。再加上该账号剧情的趣味性，所以许多人看到这一类视频之后，都会进行点赞关注。

除了平台上本来就稀缺之外，短视频账号运营者还可以通过自身的内容展示形式，让自己的账号内容，甚至是账号，具有一定的稀缺性。其中比较具有代表性的是"会说话的刘二豆"。

"会说话的刘二豆"是定位为一个分享两只小猫日常生活的短视频账号，在这个账号中经常会发布以小猫为主角的视频，如图1-11所示。

图1-11　"会说话的刘二豆"发布的相关视频

短视频平台上宠物类短视频账号可不少，如果只是分享小猫的日常生活，那么只要养猫的短视频账号运营者便都可以做，而"会说话的刘二豆"的独特之处就在于，它结合小猫的表现进行了一些特别的处理。

"会说话的刘二豆"发布的视频中会经常出现短视频平台上的"热梗"，配以"戏精"主人的表演，给人以轻松愉悦之感。短视频通过字幕和配音来调侃小猫的日常生活，用这种形式很容易地获取了许多人的持续关注。

▶ 004　品牌特色定位

相信大家一看这一小节的标题就能明白，这是一个短视频企业号的定位方法。许多企业和品牌在长期的发展过程中可能已经形成了自身的特色。此时，如果根据这些特色进行定位，通常会比较容易获得短视频用户的认同。

根据品牌特色做定位又可以细分为两种方法：一是以能够代表企业的卡通形象做账号定位；二是以企业或品牌的业务范围做账号定位。

"天猫"就是通过能够代表企业形象的卡通形象来做账号定位的短视频账号。在这个短视频账号中会经常分享一些视频，将"天猫"的卡通形象作为主角打造内容，如图1-12所示。

图1-12 "天猫"发布的短视频

　　熟悉"天猫"这个电商品牌的人群，都知道这个品牌的卡通形象和Logo是视频中的这个形象。因此，"天猫"发布的视频便具有了自身的品牌特色，而且这种通过卡通形象进行的表达还会更容易被人记住。

　　"腾讯电影"则是一个以企业或品牌的业务范围做账号定位的代表。一看"腾讯电影"这个名字就知道，它主要是从事与电影相关的业务。因此，该账号的定位为电影信息分享，并适时发布相关的短视频，如图1-13所示。

图1-13 "腾讯电影"发布的短视频

▶ 005 定位实操技巧

短视频账号运营者在制作视频内容的时候必须做好定位，不能随意去定位，否则，到后面你会发现越更新越难，越更新越累，乃至没有内容可更新。账号的定位越垂直，粉丝就会越精准，其变现也变得越轻松，获得的精准流量就会越多。

我们经常说，做任何事情都要有目标，因为有了目标，才知道你的运营方向。比如说，运营者在做一个短视频账号时可能会考虑下面这些内容。

（1）你可能想成为网红，未来接广告，甚至走向综艺、影视等方向。

（2）你想在短视频账号上进行品牌的宣传，或者是引流到其他平台。

（3）怎样用短视频账号直接卖货赚钱？

短视频账号内容只定位一类人群，而针对其他人群的内容就不要在这个短视频账号分享了。如果你今天分享游戏，明天分享美妆，后天分享音乐，那么关注你的人时间周期会很短，因为你分享的其他内容他不喜欢，所以"掉粉率"就会比较高。

在做视频时，你要思考这些内容所面对的群体是不是你的客户，是不是你要的人群，是的话就可以做，不是的话就要更换。定位做好后，内容的运营就非常容易了，至少短视频账号的内容方向已经确定，不会再迷茫。

短视频账号运营者在自己生产内容时，可以运用以下技巧，轻松打造持续性的优质内容，如图1-14所示。

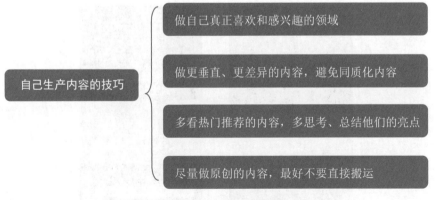

图1-14 自己生产内容的技巧

短视频账号运营者通过为受众持续性地生产高价值的内容，从而在用户心中建立权威，加强他们对于该短视频账号的信任和忠诚度。

▶ 006 设置账号头像

做好账号定位后，我们就要开始对账号进行装饰点缀。就像当我们和不认识的人开始接触时，我们第一眼肯定是看不到他的内在世界的，而往往会从其穿着、相貌来进行判断。

这与用户看我们短视频账号也是同样的道理，用户首先会看到我们账号的头像、标题和简介。好的头像、标题和简介可以塑造账号的人设形象。短视频运营者想抓牢用户，账号的头像设置不能少。下面我们先来看一下比较知名的账号头像，如图 1-15 所示。

图 1-15　知名账号头像

关注短视频的小伙伴应该可以一眼看出，图 1-15 中先由上到下，再由左到右分别为"一条小团团 OvO""一禅小和尚""浪胃仙""人民日报""李子柒"和"陈翔六点半"的形象。好的头像是短视频账号的第一张脸，用户可以通过头像来对账号加深记忆。

一般来说，头像选取可分为 3 种类型，如图 1-16 所示。

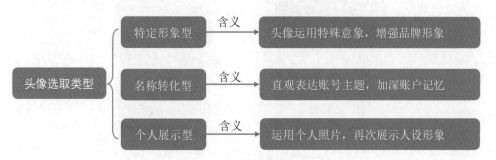

图 1-16　头像选取类型

账号的头像需要有特点，必须展现自己最美的一面，或者展现企业的良好形象。用户可以进入"编辑资料"界面，从相册中选择或拍照选择头像进行修改。需要注意的是，头像选定以后切忌经常更换，否则会大大影响用户对账号的记忆。

视觉印象的主要作用不是为了美观好看，而是通过视觉印象让用户记住账号。在设置账号头像时有 3 个基本的技巧，具体如下。

（1）头像一定要清晰。

（2）个人人设账号一般使用主播肖像作为头像。

（3）团体人设账号可以使用代表人物形象作为头像，或者使用公司的名称或者 Logo 等。

▶ 007 设置吸睛名称

除了账户的头像之外，账号的名称同样也很重要，从账号名称出发，我们一般可以分为以下 3 种类型。

1. 个人品牌型

个人品牌型名称指的是短视频运营者选用特定名称来代表账号，优势是花样多、特性强，且适用于所有账号；劣势是对新账号不友好，用户通过账号名称不能直接获取该账号对应的是什么领域内容。

例如，优秀案例账号"浪胃仙"和"小伊伊"，他们属于抖音、快手平台头部博主，其名字就代表了个人品牌，名称特性强，不容易撞名。图 1-17 所示为"浪胃仙"和"小伊伊"的账号主页。

图 1-17 "浪胃仙"和"小伊伊"的账号主页

2. 直观领域型

直观领域型名称指的是短视频运营者在名称中加入领域内容，优势是用户能直观了解账号的内容领域，账号方向更垂直，且用户搜索领域内容时账号更容易被发现；劣势是该名称同类型的太多，竞争压力大，而且没有个人特色。

例如，优秀案例账号"乌鸦电影"和"随手做美食"，它们就是直接引用了相关领域内容名称，更好地针对目标用户，如图 1-18 所示。

图 1-18　"乌鸦电影"和"随手做美食"账号的主页

→ 3. 官方平台型

官方平台型名称指的是短视频运营者官方入驻的名称，优势是给用户权威感，还能增强品牌影响力和知名度，劣势是只有官方认证账号才适用。

短视频运营者选取账号名称一定要针对账号现有情况，发挥名称的最大作用。在设置账号名称时有 3 个基本的技巧，具体如下。

（1）名称不能太长，太长的话用户不容易记住。

（2）名称尽量不要用生僻字或过多的表情符号。

（3）最好能体现人设感，即看见名称就能联系到人设。人设是指人物设定，包括姓名、年龄、身高等人物的基本设定，以及企业、职位和成就等背景设定。这样的话，平台用户一看就知道你是做什么的，如果他对你的业务有相关需求，便会直接关注你的账号。

▶ 008　账号简介设计

除了头像、名称的设置之外，短视频运营者还可在"编辑个人资料"界面中填写性别、生日 / 星座、所在地和个人介绍等个人资料。在这些资料中，短视频运营者需要注意的是账号简介。

短视频账号简介通常是简单明了的，其主要原则是"描述账号＋引导关注"。账号简介可以用多行文字，前半部分描述账号特点或功能，后半部分引导关注，用引导性内容来吸引用户关注，如图1-19所示。

图1-19　在简介中引导关注

除此之外，短视频运营者还可以在账号简介中巧妙地推荐自己的其他平台账号，构建自己的流量池，如图1-20所示。

图1-20　巧妙地推荐自己的其他平台账号

第2章

视频策划：
找准热门赢在起跑线

学前提示

　　在短视频策划的过程中，短视频的生产技巧和用户的心理钻研可谓是关键步骤。短视频运营者只要做好短视频的策划，那么拍出来的短视频通常也差不了。

　　在本章内容中，我们就从这两个方面来重点和大家聊一聊如何进行视频策划。

要点展示

- ▶ 视频生产技巧
- ▶ 视频脚本分析
- ▶ 脚本准备工作
- ▶ 视频构架敲定
- ▶ 故事情节构建
- ▶ 抓住用户爱美心理

- ▶ 感用户同理心
- ▶ 挖掘用户猎奇心理
- ▶ 满足用户学习需求
- ▶ 念用户怀旧心
- ▶ 满足用户关注心理
- ▶ 满足用户消遣心理

▶ 009 视频生产技巧

要想打造出爆款视频，还得掌握视频生产技巧。下面我们重点为大家介绍5种视频生产方法，让大家可以快速生产出热门视频。

1. 原创视频制作

很多短视频账号运营者在开始做原创短视频时，不知道拍摄什么内容，其实大家可以从账号定位的内容来入手。短视频账号运营者可以先定位好自己的账号，然后参考同领域内容博主的短视频进行制作，最后创作出属于自己的原创短视频。

2. 搬运素材改编

短视频账号运营者需要借用他人的素材时，如果直接将视频搬运过来，并发布到短视频平台上，不仅没有原创性，而且还存在侵权的风险。运营者需要特别注意的是，最好不要搬运他人在其他平台上发布的视频。

例如，在微信视频号中，短视频运营者如果搬运带有水印和 Logo 的短视频进行发布，那么，可能就会收到一条该短视频将被限制传播的通知，如图 2-1 所示。

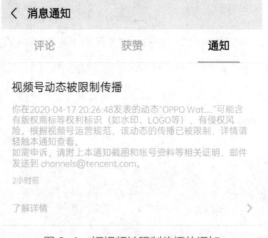

图 2-1　短视频被限制传播的通知

这样一来，用户一看就知道你是直接搬运了其他平台的短视频，而且对于这种直接搬运他人视频的行为，短视频平台也会进行限流。因此，这种直接搬运他人视频的做法基本上是不可能打造出爆款视频的。

在生产短视频时，如果需要借用他人的素材，一定要将视频搬运过来之后，适当地进行改编，从而在原视频的基础上，增加自身的原创内容，避免侵权，如图 2-2 所示。

图 2-2　在搬运视频中加入配音和字幕

　　该短视频就是在搬运《彼得兔》视频的基础上，对视频进行了重新配音，并配备了对应的字幕。因为视频本身就具有一定的趣味性，再加上后期的搞笑配音，让用户看到之后觉得非常有趣，便纷纷点赞、评论。于是，这一条运用搬运法打造的视频，很快就火了。

3. 用模板打造视频

　　对于一些大家熟悉的桥段或者已经形成了模板的内容，短视频运营者只要在原有模板的基础上嵌套一些内容，便可以快速生产出原创短视频。

　　这种内容打造方法的优势就在于，运营者只要将自身的视频内容嵌入模板中，就能快速打造出一条新视频，且新增的内容与模板中原有的内容还能快速产生联系。

4. 时事热点模仿

　　模仿法就是根据快手或抖音平台上已发布的热门短视频，依葫芦画瓢来打造自己的视频。这种方法常用于已经形成热点的内容，因为一旦热点形成，模仿与热点相关的内容，会更容易获得短视频用户的关注。

　　比如，随着综艺节目《乘风破浪的姐姐》走红，其主题曲《无价之姐》的热度一直居高不下。这也让短视频平台上出现了"# 乘风破浪的姐姐 #"话题，看到该话题的热度之后，许多人在该话题下以《无价之姐》这首歌为背景音乐跳起了舞，而且舞姿也都是同款舞蹈。

　　许多短视频运营者发布了跳该舞蹈的短视频后，便获得了大量的点赞，这便是运用模仿法拍摄短视频的典型案例。图 2-3 所示为短视频运营者的时事热点模仿。

图 2-3　短视频运营者的时事热点模仿

5.　新意制造热度

对于短视频运营者来说，在他人发布的内容基础上，适当地进行延伸，从而产出新的原创视频，也是一种不错的内容生产方法。与模仿法相同，扩展法参照的对象也是以各短视频平台上的热点内容为佳。

例如，由《无价之姐》进行改编创作的《无"诈"之姐》，通过短视频内容带用户了解网络、电话等新形式的诈骗，如图 2-4 所示。

图 2-4　短视频运营者通过新意制造热度

▶ 010　视频脚本分析

短视频脚本的编写是有技巧的，如果短视频运营者掌握了编写脚本的技巧，那么根据编写的脚本制作的短视频就能够获得较为可观的播放量，其中优质短视频的播放量甚至可以达到 10 万次以上。

短视频脚本大致可以分为拍摄大纲脚本、分镜头脚本、文学脚本这三大类型，每种类型各有优缺点，其适用的短视频类型也不尽相同。

短视频运营者需要根据自身情况选择相对合适的脚本类型来编写脚本。下面我们将对短视频脚本的三大类型进行简单的分析。

➥ 1. 拍摄大纲脚本

拍摄大纲脚本就是将需要拍摄的要点一一列出，并据此编写一个简单的脚本。这种脚本的优势就在于，能够让短视频拍摄者更好地把握拍摄的要点，让短视频的拍摄具有较强的针对性。

通常来说，拍摄大纲类脚本比较适用于带有不确定性因素的新闻纪录片类短视频和场景难以预先进行分镜头处理的故事片类短视频。

如果短视频运营者需要拍摄的短视频内容没有太多的不确定性因素，那么这种脚本类型就不太适用了。

➥ 2. 分镜头脚本

分镜头脚本就是将一个短视频分为若干个具体的镜头，并针对每个镜头安排内容的一种脚本类型。这种脚本的编写比较细致，它要求对每个镜头的具体内容进行规划，包括镜头的时长、景别、画面内容和音效等。

通常来说，分镜头脚本比较适用于内容可以确定的短视频，如故事性较强的短视频。而内容具有不确定性的短视频，则不适用这种脚本类型，因为在内容不确定的情况下，分镜头的具体内容也是无法确定下来的。

➥ 3. 文学脚本

文学脚本就是将小说或各种小故事进行改编，并以镜头语言的方式来进行呈现的一种脚本形式。与一般的剧本不同，文学脚本并不会具体指明演出者的台词，而是将短视频中人物需要完成的任务安排下去。

通常来说，文学脚本比较适用于拍摄改编自小说或小故事的短视频，以及拍摄思路可以控制的短视频。也正是因为拍摄思路得到了控制，所以按照这种脚本拍摄短视频的效率也比较高。

当然，如果拍摄的内容具有太多的不确定性，拍摄的思路无法控制，那么就不适合使用这种脚本了。

▶ 011　脚本准备工作

在编写脚本之前，短视频运营者还需要做好一些前期的准备，确定视频的整体内容思路。具体来说，编写脚本需要做的前期准备如下。

1. 拍摄的内容

每个短视频都应该有明确的主题以及为主题服务的内容。而要明确短视频的内容，就需要在编写脚本时先将拍摄的内容确定下来，列入脚本中。

2. 拍摄的时间

有时候拍摄一条短视频涉及的人员可能比较多，此时，就需要通过确定拍摄时间来确保短视频拍摄工作能正常进行。

另外，有的短视频内容可能对拍摄的时间有一定的要求，这一类短视频的制作也需要在脚本编写时就将拍摄的时间确定下来。

3. 拍摄的地点

许多短视频对于拍摄地点有一定的要求，例如，是在室内拍摄，还是在室外拍摄？是在繁华的街道拍摄，还是在静谧的山林拍摄？这些因素都应该在编写短视频的脚本时确定下来。

4. 使用的背景音乐

背景音乐是短视频内容的重要组成部分，背景音乐用得好，甚至可以成为短视频内容的点睛之笔。因此，运营者在编写脚本时，就可将脚本确定下来，选用适合短视频的背景音乐。

▶ 012　视频构架敲定

短视频脚本的编写是一个系统工程，一个脚本从空白到完成整体构建，需要经过 3 个步骤，具体如下。

1. 确定主题

确定主题是短视频脚本创作的第一步，也是关键性的一步。因为只有主题确定了，短视频运营者才能围绕主题策划脚本内容，并在此基础上将符合主题的重点内容有针对性地展示给核心目标群。

2. 构建框架

主题确定之后，接下来需要做的，就是构建起一个相对完整的脚本框架。例如，可以从什么人，在什么时间、什么地点，做了什么事，造成了什么影响的角度，勾勒出短视频的大体内容框架。

3. 完善细节

内容框架构建完成后，短视频运营者还需要在脚本中对一些重点的内容细节进行完善，让整个脚本内容更加具体化。在策划剧情的过程中，短视频运营者需要从以下 4 个方面做好详细的设定。

1）人物设定

人物设定的关键，就在于通过人物的台词、情绪的变化、性格的塑造等来构建一个立体化的形象，让用户看完短视频之后，就对短视频中的相关人物留下深刻的印象。

除此之外，成功的人物设定，还能让短视频用户通过人物的表现，对人物面临的相关情况感同身受。

2）场景设定

场景的设定不仅能够对短视频的内容起到渲染作用，还能让短视频的画面更有美感，更能吸引用户的关注。具体来说，短视频运营者在编写脚本时，可以根据短视频主题的需求，对场景进行具体的设定。

例如，运营者要制作宣传厨具的短视频，便可以在编写脚本时，把场景设定在一个厨房中。

3）话语设定

在短视频中，人物对话主要包括短视频的旁白和人物的台词。短视频中人物的对话，不仅能够对剧情起到推动作用，还能显示出人物的性格特征。

例如，要打造一个勤俭持家的人物形象，就可以在短视频中设计该人物在买菜时与菜店店主讨价还价的对话。

因此，短视频运营者在编写脚本时需要对人物对话多一分重视，一定要结合人物的形象来设计对话。有时候为了让短视频用户对视频中的人物留下深刻的印象，短视频运营者甚至需要为人物设计特色的口头禅。

4）分镜设定

脚本分镜就是在编写脚本时将短视频内容分割为一个个具体的镜头，并针对具体的镜头策划内容。通常来说，脚本分镜主要包括分镜头的拍法（包括景别和运镜方式）、镜头的时长、镜头的画面内容、旁白和背景音乐等。

脚本分镜实际上就是将短视频制作这个大项目，分为一个个具体可实行的小项目（即一个个分镜头）。因此，运营者在策划分镜头内容时，不仅要将镜头内容具体化，还要考虑到分镜头拍摄的可操作性。

▶ 013 故事情节构建

相比于一般的短视频，那些带有情节的故事类短视频往往更能吸引短视频用户的目光，让短视频用户有兴趣看完整个视频。当然，绝大多数短视频的情节都是设计出来的，那么如何通过设计让短视频的情节更具有故事性、更能吸引短视频用户的目光呢？下面我们就给大家介绍 6 种常用方法。

1. 加强人设特征

在短视频账号的运营过程中，短视频运营者应该对短视频内容进行准确的定位，即确定该账号侧重于发布哪方面的内容。内容定位完成后，短视频运营者可以根据定位，打造相关的短视频内容，并通过短视频来强化人设的特征。

人设就是人物设定，简单的理解就是给人物贴上一些特定的标签，让短视频用户可以通过这些标签准确地把握人物的某些特征，进而让人物形象在用户心中留下深刻的印象。

2. 极尽搞笑之能

许多短视频用户之所以要刷短视频，就是希望从短视频中获得快乐。基于这一点，短视频运营者要写得了段子，通过幽默搞笑的短视频剧情，让短视频用户从短视频中获得快乐。

3. 设计狗血剧情

在短视频剧情的设计过程中，短视频运营者可以适当地运用一些套路，更高效地制作短视频内容。短视频剧情设计的套路有很多，其中比较具有代表性的一种就是设计"狗血剧情"。

"狗血剧情"简单的理解就是被反复模仿翻拍、受众司空见惯的剧情。虽然这种剧情通常都有些烂大街了，但是，既然它能一直存在，就说明它还是能够被许多人接受的。而且有的"狗血剧情"在经过一定的设计之后，还会让人觉得别有一番风味。

4. 结合热点资讯

为什么许多人都喜欢看各种新闻资讯？这并不一定是因为看新闻非常有趣，而是因为大家能够从新闻中获取时事信息。基于这一点，短视频运营者在制作短视频的过程中，可以适当地加入一些网络热点资讯，让短视频内容满足短视频用户获取时事信息的需求，增强短视频的实时性。

结合网络热点资讯打造的短视频内容，推出之后能迅速获得短视频用户的关注。这是因为一方面用户需要获得有关的热点资讯；另一方面如果这些热点资讯有相关性，那么用户在看到与其相关的短视频时，也会更有兴趣点击查看。

➤ 5. 做好娱乐新闻

娱乐性小新闻，特别是关于明星、名人的花边消息，一经发布往往就能快速吸引许多人的关注。这一点很好理解，毕竟明星和名人都属于公众人物，他们往往都会想要安静地过好自己的个人生活，而不想让自己的花边消息被大众看到。

但也正是因为无法轻易看到，所以一旦某位明星或名人的花边消息被爆料出来了，就能快速吸引许多人的目光。

基于这一点，短视频运营者在制作短视频的过程中，可以适当结合明星和名人的花边消息打造短视频剧情，甚至可以直接制作一个完整的短视频对该花边消息的相关内容进行具体解读。

➤ 6. 反转增加看点

拍摄短视频时，出人意料的反转往往能让人眼前一亮。在拍摄时要打破惯性思维，使用户在看开头时猜不透结局。当看到最终结果时，便会豁然开朗，忍不住为其点赞。

这种反转能够让观众产生惊喜感，同时对剧情的印象更加深刻，刺激他们去点赞和转发，相关技巧如图 2-5 所示。

图 2-5 拍摄剧情反转类短视频的相关技巧

▶ 014 抓住用户爱美心理

做短视频运营，一定要对那些爆款产品时刻保持敏锐的嗅觉，及时地去研究、分析、总结他们成功背后的原因。不要一味地认为那些成功的人都是运气好，而要思考和总结它们是如何成功的。多积累成功的经验，站在"巨人的肩膀"上运营，你才能看得更高、更远，才更容易超越他们。

而抓住用户爱美心是打造视频的很好方法，就如在快手和抖音等短视频平台上，许多账号运营者都是通过展示美来取胜的。一般来说，用短视频展示美可以从帅哥美女颜值、优秀才艺表现、萌宠萌人展示和美食美景分享出发。

➡ 1. 帅哥美女颜值

以抖音为例，抖音有一个比较显著的特点，就是帅哥美女特别多。短视频推荐内容随便一滑，基本上都可以看到漂亮的小姐姐和帅气的小哥哥。除了一些本身有知名度的明星占据抖音粉丝排行榜前列以外，大多粉丝量高的用户基本颜值都很不错。

例如，2018年抖音账号"代古拉k"因其靓丽的外貌和比较个性的甩臀舞而火遍短视频平台，10天时间里抖音账号吸粉500万，21天内粉丝更是达到了800万，在2020年粉丝已经突破了2500万。图2-6所示为"代古拉k"的短视频。

图2-6　"代古拉k"的短视频

由此不难看出，颜值是短视频营销的一大利器，只要人长得好看，即便没有过人的技能，随便唱唱歌、跳跳舞、拍个视频就能吸引一些粉丝，如果再加上本身也有一定的才艺，那么增粉速度就更快了。

高颜值的美女帅哥，比一般人更能吸引用户的目光，毕竟谁都喜欢看美的东西。很多人之所以刷短视频，其实并不是想通过短视频学习什么，而是想借助抖音打发时间，在他们看来，看一下帅哥、美女本来就是一种享受。

2. 优秀才艺表现

才艺包含的范围很广，除了常见的唱歌、跳舞之外，还包括摄影、绘画、书法、演奏、相声、脱口秀等。

只要视频中展示的才艺足够独特，并且能够快速让用户觉得赏心悦目，那么，视频很容易就能上热搜，如图2-7所示。

图2-7　短视频运营者通过短视频展示书法的写作

才艺展示是塑造个人IP的一种重要方式。而IP的塑造，又可以吸引大量精准的粉丝，为IP的变现提供良好的前景。因此，许多拥有个人才艺的短视频运营者都会注重通过才艺的展示来打造个人IP。

3. 萌宠萌人展示

"萌"往往和"可爱"这个词对应，而许多可爱的事物，都是人见人爱的。许多用户在看到呆萌可爱的事物时，都会忍不住想要多看几眼。

根据短视频内容展示的对象，可以将"萌"分为萌宠、萌妹和萌娃这3类，下面我们将对其特点进行分析。

1）萌宠

许多人之所以养宠物，就是觉得宠物很萌。如果能把宠物日常生活中惹人怜爱、憨态可掬的一面通过视频展现出来，就能吸引许多喜欢萌宠的用户前来围观。也正是因为如此，短视频平台上兴起了一大批萌宠内容。

例如，短视频账号"花花与三猫CatLive"的内容就是以记录小猫生活中的趣事为主，因萌宠的可爱有趣，让其粉丝数增长迅猛。图2-8所示为"花花与三猫CatLive"发布的短视频。

图2-8　"花花与三猫CatLive"发布的抖音短视频

短视频平台中萌宠类运营者的数量不少，短视频运营者要想从中脱颖而出，得重点掌握一些短视频策划的技巧，具体分析如图2-9所示。

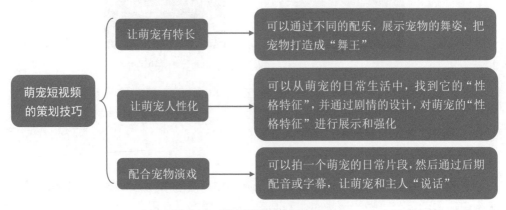

图2-9　萌宠短视频的策划技巧

2）萌妹

萌妹子们身上常常会自带一些标签，比如爱撒娇、天然呆、温柔、容易害羞等。在这些标签的加持之下，短视频用户看到视频中的萌妹子时，往往都会心生怜爱和保护之情，所以这也让短视频平台上涌现出许多萌妹子的内容。

　　主打萌妹子内容的短视频账号风格普遍比较二次元，经常穿着"lo 服"（洛丽塔风格服装）出现在镜头前，以甜美的造型加上萌妹的身材，深受宅男短视频用户的欢迎。图2-10所示为穿"lo 服"萌妹子的短视频。

图2-10　穿"lo 服"萌妹子的短视频

3）萌娃

　　萌娃是深受快手和抖音用户喜爱的一个群体。萌娃本身看着就很可爱，而且他们的一些行为举动也让人觉得非常有趣。所以与萌娃相关的短视频，很容易就能吸引许多用户的目光，如图2-11所示。

图2-11　与萌娃相关的短视频

不过短视频运营者需要注意的是，在短视频里晒萌娃时，需要注意不要泄露家庭住址、人物背景等家庭相关信息，以免不法分子利用这些信息进行儿童拐卖。

4. 美食美景分享

关于"美"的话题，从古至今，有众多与之相关的成语，如沉鱼落雁、闭月羞花、倾国倾城等，除了表示漂亮外，还附加了一些漂亮所引发的效果在内。可见，颜值高，还是有着一定影响力的，有时甚至会起决定性作用。

当然，这里的"美"并不仅仅是指人，它还包括美食、美景等。运营者可以通过在短视频中展示美食和美景，让短视频用户共同欣赏。

1）美食

"吃穿住用行"为人的五大需求，"吃"在这五大需求中居首位，显而易见吃对人的重要性，所以美食对短视频用户也有很大的吸引力。

短视频账号运营者可以通过美食自身的美，再加上高深的摄影技术，如精妙的画面布局、构图和特效等，打造一个高质量的短视频。图2-12所示为高质量的美食短视频。

图2-12 美食短视频

2）美景

从美景方面来说，它本身就有美的优势，具备独特的自然景观或者风土人情，很多摄影爱好者也都喜欢抓拍美景。

短视频运营者可以把城市中每个具有代表性的风景、建筑和工艺品高度地提炼出来，配以特定的音乐、滤镜、特效和地址设置，打造出专属于这座城市的短视频，为城市宣传找到新的突破口。图2-13所示为高质量的美景短视频。

图 2-13　美景短视频

　　短视频用户通过宣传城市的视频，能更加了解该城市的美景和文化。这会让很多看过短视频的用户对这座城市产生兴趣，并愿意亲自前往感受一下。短视频为许多城市带来了发展机遇，已经有一些城市开始借助短视频来打造属于自己的 IP。

▶ 015　感用户同理心

　　在这个车水马龙、物质丰富的社会中，大部分人都在为了自己的生活努力奋斗着，漂流在异乡，与身边人的感情也很淡薄，生活中、工作上遇到的糟心事也可能无处诉说。渐渐地，很多人养成了从短视频中寻求关注与安慰的习惯。

　　短视频是能包含很多东西的一个载体，它有其自身的很多特点，比如无须花费太多金钱，或者是无须花费过多脑力，是一种所有人都能享受的"平价物"。因为短视频中所包含的情绪大都能够反映众多人的普遍情况，所以用户在遭遇心灵和情感问题时，也更愿意去刷短视频来舒缓压力或情绪。

　　现在很多点击量高的情感类短视频也是抓住了短视频用户的这一心理，通过能够感动用户的内容来提高短视频的热度。许多用户想要在短视频中寻求一定的心灵抚慰，从而更好地投入到生活、学习或者是工作中。

　　因此在策划短视频的时候，便可多用一些能够温暖人心、给人关注与关怀的内容。短视频运营者可以通过感动用户，也就是对用户进行心灵情感方面的疏导或排解，达到短视频与用户产生共鸣的效果。我们可以通过宣传好人好事和优良品质这两个方面内容来引导用户的同理心。

1. 好人好事

好人好事所包含的范围很广泛，它既可以是见义勇为，为他人伸张正义；也可以是拾金不昧，主动将财物交还给失主；还可以是看望孤寡老人，慰问环卫工人。图 2-14 所示为通过短视频展示好人好事。

图 2-14　好人好事的短视频

用户对于一件事情很感动，往往是在这件事上看到了世界上美好的一面，或者是看到了自己的影子。人的情绪很复杂、种类繁多，喜怒哀乐等情绪是人最基本，也是最容易被调动的情绪。

生活中处处充满美好，缺少的只是发现美好的眼睛，用心记录生活，生活也会时时回馈给你惊喜。短视频运营者可以仔细去观察这个世界，会发现一些平时不曾发现的东西。

当用户看见那些传递温暖、含有关怀意蕴的短视频时，自身也会产生一种温暖、被照顾、被关心的感觉，会从那些做好人好事的人身上看到善意，感觉到这个社会的温暖，所以这种短视频很容易触及用户柔软的内心。

2. 优良品质

大部分人都是感性的，容易被情感所左右。这种感性不仅仅体现在真实的生活中，还体现在他们在看短视频时也会倾注自己的感情。这也使很多人在看见有趣的短视频时会捧腹大笑，看见感人的短视频时会心生柔情而落下泪水，看见宣扬优良品质的短视频时会想"我也要成为这样一个优秀的人"。

优良品质的类型有很多，例如拼搏精神。当用户看到短视频中那些努力拼搏的身影时，会感受到满满的"正能量"，这会让用户在深受感动之余，从内心产生一种认同感。图2-15所示为展示优良品质的短视频。

图2-15　展示优良品质的短视频

一个成功的短视频策划，需要做到能满足用户同理心需求，打动用户，引起用户的共鸣。短视频要想激发短视频用户的同理心，就要精心选择那些容易打动短视频用户的话题或者内容。

只要短视频的策划是从人的内心情感或是从内心情绪出发，那么制作出的短视频就很容易调动用户的同理心，从而激发用户查看短视频内容的兴趣。

▶ 016　挖掘用户猎奇心理

一般来说，大部分人对那些未知的、刺激的东西都会有一种想要去探索、了解的欲望，所以短视频运营者在制作短视频的时候，就可以抓住用户的这一特点。让短视频内容充满神秘感，满足用户的猎奇心理，这样就能够获得更多用户的关注。

关注的人越多，短视频被转发的次数就会越多。猎奇心促使用户想了解自己不知道的事情，短视频可以从用户在日常生活中没见到过或没听说过的新奇事物的方向来创作。

这样策划的短视频，当用户遇到后，就会对这个短视频产生查看具体内容的欲望和想法。例如，抖音平台上比较火的视频"身边的同事都是百万粉丝网红是什么感觉""你们有遇到过绿茶吗"，如图2-16所示。

图2-16 带用户了解事情真相的短视频

　　能满足用户猎奇心理的短视频通常都带有一点儿神秘感，让人觉得看了短视频之后就可以了解事情的真相。除此之外，在短视频中那些具有奇思妙想的内容也能满足用户的猎奇心。

　　例如，一名擅长食物雕花工艺的短视频运营者，拍摄了关于展示西瓜雕刻的短视频。短视频用户看到这个短视频后，因其独特的创意而纷纷点赞。图2-17所示为展示西瓜创意雕刻的短视频。

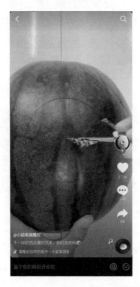

图2-17 展示西瓜创意雕刻的短视频

具有猎奇性的短视频其实并不一定本身就很稀奇，而是在制作短视频的时候，抓住了用户喜欢的视角或者是用户好奇心比较大的视角来展开，在短视频里设下悬念来满足用户的猎奇心理，引起用户的注意和兴趣。

这些短视频都体现出短视频运营者的创意，让用户看完之后，感觉很奇妙，甚至神奇。运营者可以结合自身优势，打造出创意视频。

▶ 017 满足用户学习需求

用户平时在刷短视频内容的时候，还有一部分人不是漫无目的的，而是会想通过浏览这些内容来学到一些有价值的东西，扩充自己的知识面，增加自己的特长和技能。

所以短视频运营者在制作短视频的时候，就可以将这一因素考虑进去，让自己的短视频内容给用户一种能够满足学习需求的感觉。例如，"音乐宝藏馆"主要是对音乐进行普及，"小白学摄影"主要是对摄影技巧进行普及。图2-18所示为"音乐宝藏馆"和"小白学摄影"抖音账号的主页。

图2-18 "音乐宝藏馆"和"小白学摄影"抖音账号的主页

因为音乐和摄影都有广泛的受众，而且其分享的内容对于用户也比较有价值，因此这两个短视频账号发布的短视频内容都能得到不少用户的支持。

除此之外，短视频用户看到自己没有掌握的技能时，也会想要通过短视频学会该技能。技能包含的范围比较广，既包括各种绝活，也包括一些小技巧。图2-19所示为通过短视频展示种植水果的技巧。

图 2-19　通过短视频进行技能传授吸引用户关注

很多技能都是长期训练之后的产物，普通短视频用户可能不能轻松地掌握。其实除了难以掌握的技能之外，短视频运营者也可以在视频中展示一些短视频用户学得会、用得着的技能。

如果用户觉得视频中的技能在日常生活中用得上，就会进行收藏，甚至将视频转发给自己的亲戚朋友。因此，只要你在视频中介绍的技能在用户看来是实用的，那么播放量通常就会比较高。

▶ 018　念用户怀旧心

随着"80 后""90 后"逐渐成为社会栋梁，这一批人也开始产生了怀旧情结，对于以往的岁月都会去追忆一下。童年的一个玩具娃娃、吃过的食品，看见了都会忍不住感叹一下，发出类似"仿佛看到了自己的过去！"的感言。

人们普遍喜欢怀旧是有其原因的，小时候无忧无虑、天真快乐，而长大之后就会面临各种各样的问题，也要面对许许多多复杂的人，每当人们遇到一些糟心事儿的时候，就会想起小时候的单纯。

人们喜欢怀旧还有另外一个原因，那就是怀念那段逝去的美好时光。所谓"时光一去不复返"，对于已经过去了的时光，人们都会格外怀念，所以也就开始怀旧了。几乎所有的人怀旧的对象都是自己小的时候，对小时候的朋友、亲人、吃喝玩乐各个方面都很想念，这也就导致了"怀旧风"。

而很多短视频运营者也看到了这一方面的"大势所趋"，制作了许多"怀旧"

题材的短视频。不管是对短视频运营者，还是对于广大的用户来说，这些怀旧的短视频都是一个很好的追寻过去的媒介。

能满足用户怀旧心理需求的短视频内容，通常都会展示一些有关童年的回忆，比如展示童年看过的动画片、比较特别的回忆等，如图 2-20 所示。

图 2-20 满足用户追忆心理的短视频示例

越是在怀旧的时候，人们越是想要看看过去的事物，短视频运营者也是抓住了用户的这一心理，进而吸引用户查看短视频内容。

人们对于那些追忆过往的短视频会禁不住想要点开去看一眼，看看能不能找到自己童年的影子。所以短视频运营者可以制作一些这种能引起人们追忆往昔情怀的短视频内容，满足用户的怀旧心理需求。

▶ 019 满足用户关注心理

很多短视频用户发布的内容都是原创的，制作方面也花了不少心思，却得不到系统的推荐，点赞和评论都很少，这是为什么呢？其实，一条视频想要在短视频平台上火起来，除"天时、地利、人和"以外，还有两个重要的"秘籍"：一是要有足够吸引人的全新创意，二是内容要丰富。

要做到这两点，最简单的方法就是紧抓热点话题，丰富自己短视频账号的内容形式，发展更多的新创意玩法。具体来说，人们总是会对跟自己有关的事情多上点心，对关系自己利益的消息多点注意，这是很正常的一种行为。满足用户的关注心理需求其实就是指满足用户关注与自己相关事情的行为。

然而，如果每次都只在表面上借用读者的关注心理需求来引起用户的兴趣，可实际上却没有满足用户的需求，那么时间长了，用户就会对这种短视频无感；久而久之，用户不仅不会再看类似的短视频，甚至还会引起反感心理，拉黑或者投诉此类内容。图2-21所示为满足用户的关注心理需求的短视频示例。

图2-21　满足用户关注心理的短视频

从上面这些案例中可以很清楚地看到，凡是涉及用户自身利益的事情，用户就会很在意，这也是这一类短视频文案在吸引用户关注上屡试不爽的原因。

短视频运营者在制作短视频内容的时候就可以抓住人们的这一需求，通过打造与用户相关的短视频内容，来吸引用户的关注。但需要注意的是，如果想要通过这种方式吸引用户，那么短视频中的内容就要是真正与用户实际利益有关的，不能一点儿实际价值都没有。

▶ 020　满足用户消遣心理

现如今，大部分人有事没事都会掏出自己的手机看看，刷刷短视频，逛逛淘宝，浏览微信朋友圈，以满足自己的消遣心理。一部分人会点开短视频平台上各种各样的短视频，都是出于无聊、消磨闲暇时光、给自己找点娱乐的目的。

以传播搞笑、幽默内容为目的的短视频会比较容易满足短视频用户的消遣需求，所以那些笑点十足的短视频内容很容易就能得到大量用户的点赞。图2-22所示为幽默搞笑型短视频。

图 2-22　幽默搞笑型短视频

　　该短视频内容以老师查宿舍前后为场景对比，以夸张的形式把日常住宿的小事放大，实现了很好的喜剧效果。

　　人们在繁杂的工作或者琐碎的生活中，需要找到一点儿能够放松自己和调节自己情绪的东西，这时候就需要找一些所谓的"消遣"了。那些能够使人们从生活、工作中暂时跳脱出来的、娱乐搞笑的短视频，大都可以让人会心一笑，使人的心情变得愉快起来。

第3章

标题策划:
抓用户痛点吸引眼球

学前提示

　　许多短视频用户在看一个短视频时,首先注意到的就是它的标题。因此,一个短视频的标题好不好,将对它的相关数据造成很大的影响。

　　那么如何更好地撰写短视频标题呢?下面我们将对短视频标题的撰写进行重点分析。

要点展示

- 学会控制字数
- 用语尽量简短
- 陈述形象通俗
- 采用问句形式
- 展示最大亮点
- 体现出实用性
- 提供益处奖赏

- 考虑搜索习惯
- 切入方式直接
- 创意信息统一
- 标题元素具体
- 内文产品联结
- 筛选特定用户
- 标题注意误区

▶ 021 学会控制字数

想要深入学习如何撰写爆款短视频标题，就要掌握爆款短视频标题的特点。部分短视频运营者为了在标题中将短视频的内容讲清楚，会把标题写得很长。那么是不是标题越长就越好呢？很显然不是，短视频运营者在制作短视频标题时，应该将字数控制在一定范围内。

在智能手机品类多样的情况下，市面上有着众多屏幕分辨率不同的手机，其屏幕一行显示的字数也是不一样的。一些图文信息在自己手机里看着是一行，但在其他型号的手机里可能就是两行了。

在这种情况下，标题中的有些关键信息就有可能隐藏起来，不利于短视频用户了解标题中描述的重点和对象。图 3-1 所示为短视频平台的相关界面。

图 3-1　标题字数太多无法完全显示

可以看到，界面中部分标题因为字数太多，无法完全显示，所以标题的后方显示为"…"。短视频用户看到这些标题后，可能难以准确把握短视频的主要内容。而这样一来，短视频标题就失去了其应有的作用。

因此，在制作标题内容时，短视频账号运营者在重点内容和关键词的选择上要有所取舍，把最主要的内容呈现出来即可。标题本身就是文案内容精华的提炼，字数过长会显得不够精练，同时也会让短视频用户丧失查看短视频内容的兴趣，因此将标题字数控制在适当的长度才是最好的。

当然，有时候文案作者也可以借助标题中的"…"来勾起短视频用户的好奇心，让用户想要了解那些没有写出来的内容是什么。不过这就需要短视频运营者在撰写标题的时候，把握好这个引人好奇的关键点了。

▶ 022　用语尽量简短

短视频运营者在撰写短视频标题时要注意，标题应该尽量简短。俗话说"浓缩的就是精华"，短句子本身不仅生动简单又内涵丰富，且越是短的句子，越容易被人接受和记住，如图 3-2 所示。

图 3-2　标题用语尽量简短

短视频运营者撰写文案标题的目的，就是要让短视频用户更快地注意到标题，并被标题吸引，进而点击查看短视频内容，增加短视频的播放量。这就要求短视频运营者撰写的短视频标题能在最短的时间内吸引短视频用户的注意力。

如果短视频标题中的用语过于冗长，就会让短视频用户失去耐心。这样一来，短视频标题将难以达到很好的效果。通常来说，撰写简短标题需要把握好两点，即用词精练、用句简短。

运营者在撰写短视频标题时，要注意标题用语的简短，切忌标题成分过于复杂。短视频用户在看到简短标题的时候，会有一个比较舒适的视觉感受，阅读标题内容也更为方便。

简短的短视频标题因其本身简洁的形式和清晰的成分组成，能让短视频用户在阅读短视频标题时很放松，不会产生疲劳的感受。

因此，短视频运营者在撰写短视频标题时，要注意句子结构的精练和简单化，以此来提高短视频和短视频标题的曝光率。

▶ 023 陈述形象通俗

短视频标题的受众比较广泛，这其中便包含了一些文化水平不是很高的人群。因此，短视频标题在语言上的要求是形象化和通俗化。

从通俗化的角度而言，就是尽量拒绝华丽的辞藻和不实用的描述，照顾到绝大多数短视频用户的语言理解能力，利用通俗易懂的语言来撰写标题。否则，文案就无法达到带动产品销售的目的，让短视频获得应有的商业价值。

为了实现短视频标题的通俗化，运营者可以重点从长话要短说、避免华丽辞藻的修饰和添加生活化的元素这3个方面着手。短视频账号运营者可以利用这3个方面，把专业性的、不易理解的词汇和道理以简单明了的方式表达出来，让用户更容易理解短视频的内容。图3-3所示为通俗化语言文案标题案例。

图 3-3 通俗化语言文案标题案例

除了某领域内部人员之外，其他短视频用户对于该领域的了解或熟悉度是远远不够的，如果毫无经验或是经验不足的短视频用户想要学习某领域的专业知识，那么对于专业性过强或者太过复杂的标题，他们可能是难以学习理解的。

而当短视频用户看不懂或不理解标题内容时，很可能会选择略过对应的短视频。这样一来，短视频的播放量等数据就难以得到保障了。

这也要求短视频运营者在撰写标题时，要尽量化繁为简，让短视频用户看到标

题后能更好地学习或了解相关内容，从而让短视频用户更好地接受短视频运营者的
观点或做法。

▶ 024 采用问句形式

在短视频标题的写作中，标题的形式千千万万，作者不能仅拘泥于几种常见形
式的标题，因为普通的标题早已不能够吸引每天都在变化的短视频用户了。

那么怎样的标题才能够引起短视频用户的注意呢？我们在短视频标题中可以使
用问句的形式，短视频标题使用问句能在很大程度上激发短视频用户的兴趣和参与
度。图 3-4 所示为短视频标题使用问句的案例。

图 3-4　短视频标题使用问句的案例

这些标题对于那些有着好奇心的短视频用户来说是十分具有吸引力的。短视频
账号运营者在撰写文案标题的时候，要学会用新颖的标题来吸引短视频用户的注意
力。千篇一律的标题，短视频用户看多了也会产生审美疲劳，而适当的创新则能让
他们的感受大有不同。

▶ 025 展示最大亮点

销售类短视频发布的目的就在于吸引用户的注意力，最终促进产品的销售，针

对这一目的，在短视频标题的拟写过程中，应该注意将产品的最大亮点展示出来。

这样做主要是为了让短视频用户在看到标题的时候，就能直观感受到短视频中所提及的产品具有怎样的功能和特点，是否能提起短视频用户的兴趣，是否能满足他们的相关需求。

短视频标题的特征凸显这一层面上，可从多个角度来考虑，其中，最能够打动短视频用户的一般是表现出最新动态的产品特征。

这是因为人们都有一种追求新奇的心理需求，总是希望能够见证超越历史的某一时刻、某一事件，因而在短视频的标题中添加"全新""开始""创新""终于""初代"等词汇，往往更能吸引短视频用户的眼球，让短视频获得更多的观看量和点赞量，如图3-5所示。

图3-5 展示最大亮点的标题案例

这一短视频标题最大的亮点在于"全新一代"。对于爱车一族或者是对车辆感兴趣的短视频用户来说，"全新一代"带给他们的是一种"新"的感受。人们总觉得"买新不买旧"，所以，这一亮点足以吸引爱车人士的目光。

▶ 026 体现出实用性

在短视频运营过程中，其文案内容撰写的目的主要就在于告诉用户通过了解和关注短视频内容，能获得哪些方面的实用性知识，或能得到哪些具有价值的启示。

因此，为了提升短视频的点击量，运营者在进行标题设置时，应该对其实用性进行展现，以期最大限度地吸引读者的眼球。

　　比如，与养生有关的短视频账号，都会在文案当中介绍一些养生的方法，并在文案标题中将其展示出来，短视频用户看到这一标题后，就会点击查看短视频所介绍的有关养生的详细方法，如图 3-6 所示。

图 3-6　与养生有关的短视频案例

　　像这一类具有实用性的短视频标题，短视频运营者在撰写标题时就对短视频内容的实用性和针对对象做了说明，为那些需要相关方面知识的短视频用户提供了实用性的解决方案。

　　可见，展现实用性的短视频标题，一般多出现在专业的或与生活常识相关的新媒体平台上。除了上面所说的在有关养生的文案标题之中展现其实用性以外，在其他专业化的短视频平台或账号的标题撰写当中也是非常常见的，如图 3-7 所示。

　　在这两个短视频标题中，明确地表示短视频内容包含了用户可能用得上的生活小妙招和实用小物件。因此，短视频用户看到这两个标题之后，就会觉得短视频中的内容可能对自己有用，这样一来，短视频用户自然会更愿意查看短视频内容。

　　展现实用性的标题撰写原则是一种设置标题的非常有效的原则，特别是对于那些在生活中遇到类似问题的短视频用户而言，利用这一原则撰写标题的短视频是极其受欢迎的，通常也比较容易获得较高的点击量。

图3-7　体现实用性的标题案例

▶ 027　提供益处奖赏

　　运营者在写标题时，要学会抓住标题的要点，只有抓住要点才能准确无误地打造标题。短视频运营者在标题的写作当中，要注意从短视频用户的心态去看问题，以用户的角度去发现和研究规律。标题是短视频文案的"脸"，这张"脸"能不能吸引短视频用户，能吸引多少短视频用户，就要看短视频运营者的功夫如何了。

　　如果你的短视频标题都不能吸引住短视频用户，那么让短视频用户点击查看短视频内容又从何谈起呢？所以，在短视频的标题当中就要展示出你能给短视频用户带来什么样的益处或奖赏，这样才能吸引住短视频用户。

　　一般来说，短视频标题里所说的益处或奖励都是物质上的，短视频运营者会将物质奖励放入标题中，吸引用户观看，如图3-8所示。

　　这一类标题是抓住了短视频用户的心理，恰当地将奖励放入短视频标题当中。比如某照相馆要为自己的产品做推广，通过短视频平台进行预热引流，在短视频推广链接中领取优惠就可以用超优惠的价格享受产品服务，如图3-9所示。

　　这个短视频的标题就是从折扣方面入手，当短视频用户有拍生日照想法时，看到这样的短视频标题就会马上被吸引。

图 3-8　物质上的益处或奖励短视频

图 3-9　产品的折扣短视频

除此之外，短视频标题还可以从用户得到技术或方法上益处的角度来制作。当用户通过标题得知可以从该视频学会一门技术，从而提高自己的能力时，就会很愿意地去观看短视频内容，如图 3-10 所示。

图 3-10　技术或方法上的益处或奖励

短视频账号运营者撰写标题和用户阅读标题其实是一个相互的过程。在短视频账号运营者想传达某些思想要点给短视频用户的同时，用户也希望通过标题看到自己能在短视频中获得什么样的益处或奖赏。

短视频运营者可以利用用户这种想谋取益处或奖赏的心理制作短视频标题，为自己的短视频增加点击量。

▶ 028　考虑搜索习惯

短视频运营者在撰写文案标题的时候，要注意考虑短视频用户的搜索习惯。如果一味按照自己的想法，而不结合短视频用户实际情况的话，无疑是闭门造车。通常来说，短视频用户搜索的内容可分为 3 类，即资源类、实用类和热搜类。

➡ 1. 资源类

资源类是指短视频用户在没有明确目标的情况下，想通过搜索来找到某一类事物的情况，比如搜索"热门音乐""悬疑类型小说""高分恐怖电影""情侣头像"等。图 3-11 所示为"资源类"内容的搜索结果。

➡ 2. 实用类

实用类是短视频用户想要解决生活中的某一问题而产生的搜索行为，比如"如何拍出好看的照片""衬衣怎么洗才不会发皱""小苏打洗衣服如何变白"等。图 3-12 所示为"实用类"内容的搜索结果。

图 3-11　"资源类"内容的搜索结果

图 3-12　"实用类"内容的搜索结果

→ 3.　热搜类

热搜类是指短视频用户会经常参考平台榜单来了解热点内容，并对其榜单话题进行搜索观看短视频。图 3-13 所示为短视频平台的实时热点榜单。

用户在使用搜索功能的时候，目的性不一样，也就会促使其所搜类型不同，所以运营者在撰写文案标题的时候，要注意研究短视频用户的搜索类型，掌握其搜索规律和搜索习惯，有针对性地进行短视频标题写作，这样才能保证短视频有比较稳定的点击播放量。

图 3-13　短视频平台的实时热点榜单

▶ 029　切入方式直接

　　在快餐文化流行的今天，很少有人能够静下心来认真地品读一篇文章，细细咀嚼慢慢回味，人们忙工作、忙生活，也就铸就了所谓的快节奏。短视频标题也要适应这种快节奏，要清楚直接，让人一眼就能看见重点。

　　短视频标题一旦太过复杂、字数过于冗长，便会给用户带去不好的阅读体验。让一个人喜欢你可能很难，但是要让一个人讨厌你，却是很容易的。短视频标题也是如此，一旦你的文案标题字数太多，结构过于复杂，词句拗口生涩难懂，短视频用户在看见你的标题时就已经不想再去阅读了，更何谈点击查看短视频内容？

　　标题的好坏直接决定了短视频播放量的高低，所以，在撰写短视频标题时，一定要重点突出，简洁明了，标题字数不要太长，最好是能够朗朗上口，这样才能让用户在短时间内就能清楚地知道你想要表达的是什么，直接和简洁的短视频标题主要分为两类，即娱乐生活类和新闻信息类。

➥ 1. 娱乐生活类

　　娱乐生活类的短视频内容都较为轻松，不会很严肃，所以这一类的短视频标题较为轻快活泼，用户阅读时也会很愉悦，如图 3-14 所示。

　　这种娱乐生活类短视频标题切入简单直接，不过于复杂，也不需要花费太多精力，人们更愿意去阅读。

➥ 2. 新闻信息类

　　新闻信息类所讲的事情大都较为严肃认真，所以这一类短视频标题通常会比较严肃正经。新闻信息类短视频标题讲究的就是抓要点，不带太多情感色彩，只表达作者想要表达的东西，所以这一类标题往往也十分简单直接，如图 3-15 所示。

图 3-14　简单直接的娱乐生活类文案标题

图 3-15　新闻标题简单直接的案例

从这类新闻文案标题当中可以看出标题的特点——简单直接，标题里所包含的信息一目了然，也让短视频用户对短视频的内容有个大致的了解。

▶ 030　创意信息统一

这是一个讲究创造的时代，"中国制造"也早已变成了"中国创造"。这样的大背景大时代，也对短视频运营者提出了更高的要求。在文案标题撰写当中，也要抓住时代的趋势，学会在标题上下功夫。

要想把自己的短视频做到短视频用户不得不看，就要独树一帜，有自己鲜明的风格和特点，让用户除了你别无选择。如果做到了这种程度，你的短视频文案就成功一大半了。

那么怎样让短视频标题独树一帜又风格鲜明呢？这就要求在撰写短视频标题的时候，要有独特的创意，要想别人所不能想的，或是想不到的。另外，短视频标题的信息还要十分鲜明突出，要在一瞬间吸引住短视频用户的眼球，争取达到让用户耳目一新的效果。

像这种既具有创意，又信息鲜明突出的短视频标题有两类，即广告性质和非广告性质。一般来说，非广告性质的范围比较宽泛，这一类标题不是给某产品打广告，就只是展示短视频运营者的所见所闻所感。

广告性质的文案标题极具创意又信息鲜明，但都是为某产品打广告，这类标题又分为隐藏性和非隐藏性。我们下面主要针对这两方面进行分析，了解短视频运营者如何在广告性质的短视频标题中做到创意与信息的统一。

1. 隐藏性

隐藏性短视频广告标题会让短视频用户光看标题不易发现这是广告，也俗称"软广"。下面我们先来看一个隐藏性短视频广告标题，如图 3-16 所示。

图 3-16　隐藏性广告创意标题

该短视频标题的创意体现在把"又要做妈妈了"和"没想到我也会有这一天？！"置于标题中，让用户隔着屏幕也能感受到喜悦，所以这一创意就能很好地吸引用户的关注。

看到标题之后，许多用户觉得这只是表达喜悦之情的一条视频，当点击查看视频之后才发现它其实是一条修护霜的广告。

2. 非隐藏性

非隐藏性短视频广告标题会让用户在看到这一类标题时，能很快猜出这是在做广告，也俗称"硬广"。接下来我们看两个非隐藏性短视频广告标题，如图 3-17 所示。

图 3-17　非隐藏性广告创意标题

第一个短视频标题的创意在于它不像其他广告一样直接把产品亮出来，而是将"女生看了都抵抗不了的"作为卖点吸引短视频用户的关注。

第二个短视频标题的创意则在于将餐具的外观与使用者的心情联系在了一起。而且用网络用语"高颜值"来表示餐具好看，也让标题看上去别有一番趣味。

▶ 031　标题元素具体

"元素"一词最早是指化学里面的元素，比如"元素周期表"里的各种元素，后来该词广泛应用于计算机专业和生活等领域。这里所讲的元素则是指某一事物的构成部分，所以"标题元素"也就是标题的构成部分。而标题元素的具体化则是尽量将标题里的重要构成部分说具体，精确到名字或直观的数据上来。

拿"某人在公交车站旁捡到装巨款的包"这个例子来说，标题里面比较重要的元素就是"某人""公交车站""巨款"等，在这些元素中，公交车站是已经具体了的，"某人"是什么人？是小孩、老人，还是年轻人？这些在标题中都没有展现，"巨款"到底有多"巨"？标题中也没有显示出来，这样对受众的冲击力不够大。

如果将它改一下，改成"出门就捡钱，小学生在公交车站捡一包，打开一看，里面竟是60万元人民币！"这样一来，标题里面的重要元素就被具体化了。"某人"变成了小学生，"巨款"也具体成了"60万元人民币"。相对于"巨款"一词来说，"60万元"的冲击对平常人来说可能更大，所以，这也就要求运营者在撰写短视频标题的时候，要尽量将标题里面的重要元素具体化。

大多数人不喜欢看上去模棱两可的文字，他们往往更喜欢直观的文字。相对于文字来说，人们又对数字更为敏感，因为数字和人们日常生活中的很多东西挂钩，人们也更关注数字的多少和走向，所以在标题中加入数字，也是将标题元素具体化的一种有效手段。图3-18所示为将短视频标题中元素具体化的案例。

图3-18　短视频标题元素详细案例

在这些短视频标题案例中，可以很清楚地看出标题中的重要元素，如相关对象、事件和数字都具体化了。这样的文案标题不仅内容明确，而且还能更好地吸引住用户的眼球。

▶ 032　内文产品联结

在文章写作中，有一种说法叫作"文不对题"，意思就是文章的内容和标题完全不一样，这样的现象也叫作偏题。

在短视频文案的标题写作中也可能存在类似的问题，如果短视频用户看见一条短视频的标题之后点击进去查看内容，结果发现标题和内容根本说的不是同一个东西，短视频用户就会产生很不好的阅读体验。这种不好的阅读体验很可能不仅仅局限于这条短视频，更有甚者，会对这个账号发布的所有短视频都失去好感。

虽说短视频标题的写作和普通文章标题的写作有一些不同，但许多写作的要求还是共通的。短视频文案标题的写作其实与写一篇文章标题有相似之处，只是这篇"文章"的目的更广、更大，它是通过这条短视频达到宣传某产品或某品牌的目的。

在短视频标题的写作中，标题和内容也要有所联系。也就是说，在短视频文案的标题中要突出文案内容的中心或重点，要让短视频用户在看到标题的时候大致知道短视频运营者想要说的是什么。

在短视频文案的写作中，无论你的标题和内容多么文采出众、妙笔生花，一旦你的文案标题和你所写的文案内容联系不大的时候，就是张冠李戴了，所以，一定要记住文案标题和内容相互联系的重要性。图 3-19 所示为文案标题与文案的内容联结合理的案例。

图 3-19　短视频标题与内容联结合理的案例

在这个案例中，短视频用户一看就知道重点要讲的是"新生儿的正确睡姿"，而短视频的主要内容也是主要教妈妈们如何引导孩子的睡姿。这个案例就很好地诠释了短视频标题与内容联结的理念。

▶ 033　筛选特定用户

没有哪一个短视频标题是所有人都感兴趣的，这也就要求短视频运营者在撰写标题的时候，要精准定位自己的用户群体。只有目标用户定位准确了，才能保证短视频的点击量。

比如，关于摄影的短视频，所针对的用户群就是摄影爱好者，那么就要在标题中将目标用户群体现出来，让喜爱摄影的人能在第一时间就知道这个短视频是针对他们来制作的；关于美食的短视频，所针对的用户就是美食爱好者，那么在标题上也就要偏向于他们；关于旅游的短视频所针对的就是旅游爱好者，标题也就自然是要偏重爱好旅游的读者。

不同的短视频所针对的用户群都是不一样的，这也就要求短视频运营者在撰写标题时要区分不同的人群。短视频目标用户的定位和筛选包括两个方面。

一方面是内在条件的筛选，这方面包括了目标用户群的个人基本信息和爱好，比如性别、年龄、兴趣爱好、价值取向等内在因素；另一方面是外在条件，这一方面就主要包括了目标用户群的消费能力、所处地域等。只有搞清楚了这些问题，才能做到对用户有一个正确的定位，这就是人们常说的"知己知彼，百战百胜"。

在短视频文案中，仅仅用内容针对特定的用户还不够，也要在短视频的标题上准确地把握用户，通过标题就能把针对的用户吸引过来，这也就要求短视频运营者在撰写短视频标题的时候就要重视对短视频用户的筛选和定位，如图 3-20 所示。

图 3-20　从标题筛选特定用户的案例

两个短视频标题案例中，直接将"小个子女生"和"宝妈"这两个目标用户群点了出来。这样一来，当"小个子女生"和"宝妈"群体看到短视频标题时，就会明白这两个短视频的内容主要是针对自己的。而对于这种针对自己的内容，她们自然也会更加感兴趣一些，因为视频中的内容或多或少会跟自己有所关联。

▶ 034 标题注意误区

在撰写标题时，短视频运营者还要注意不要走入误区，一旦标题失误，便会对短视频的数据造成不可小觑的影响。本节将从标题容易出现的 6 个误区出发，介绍如何更好地打造短视频标题。

➜ 1. 表述含糊

在撰写标题时，要注意避免为了追求标题的新奇性而出现表述含糊的现象。很多运营者会为了使自己的短视频标题更加吸引用户的目光，一味地追求标题上的新奇，这可能会导致标题的语言含糊其词。

何为表述含糊？所谓"含糊"，是指语言不确定，或者表达方式或表达的含义模棱两可。如果在标题上表述"含糊"，那么短视频用户看到标题后可能完全不知道短视频运营者想要说的是什么，甚至觉得整个标题都很乱，完全没有重点。

因此，在撰写标题时，短视频运营者尤其要注意标题表达的清晰性，重点要明确，要让短视频用户在看到标题的时候，就能知道短视频内容大致讲的是什么。一般来说，要想表述清晰，就要做到找准内容的重点，明确内容中的名词，如人名、地名、事件名等。

➜ 2. 无关词汇

一些短视频运营者为了让自己的标题变得更加有趣，而使用一些与标题没有多大联系，甚至是根本没有关联的词汇夹杂在标题之中，想以此达到吸引短视频用户注意力的效果。

这样的标题可能在刚开始时能引起短视频用户的注意，短视频用户可能也会被标题所吸引而点击查看内容。但时间一久，短视频用户便会拒绝这样随意添加无关词汇的标题。这样的结果所造成的影响对于一个品牌或者产品来说是长久的。所以，短视频运营者在撰写标题时，一定不要将无关词汇使用到标题当中去。

在标题的撰写中，词汇的使用一定要与文案标题和内容有所关联，短视频运营者不能为了追求标题的趣味性就随意乱用无关词汇。而应该学会巧妙地将词汇与文案标题的内容紧密结合，使词汇和标题内容融会贯通，相互照应。

只有做到如此，才算得上是一个成功的标题。否则，不仅会对短视频用户造成一定程度的欺骗，也会变成所谓的"标题党"。

➜ 3. 负面表达

撰写一个标题，其目的就在于吸引用户的目光，只有标题吸引到了用户的注意，用户才会想要去查看短视频的内容。基于这一情况，也让标题出现了一味追求吸睛而大面积使用负面表达的情况。

人天生都愿意接受好的东西，而不愿意接受坏的东西，趋利避害，是人的天性。这一情况也提醒着短视频运营者，在撰写标题时要尽量避免太过负面的表达方式，而要用正面的、健康的、积极的方式表达出来，给短视频用户一个好的引导。

4. 虚假自夸

运营者在撰写标题时，虽说要用到文学中的一些手法，比如夸张、比喻等，但这并不代表就能毫无上限地夸张，把没有的说成有的，把虚假说成真实。在没有准确数据和调查结果的情况下冒充"第一"。这在标题的撰写中是不可取的。

短视频运营者在撰写标题时，要结合自身品牌的实际情况，来适当地进行艺术上的描写，而不能随意夸张，胡编乱造。如果想要使用"第一"或者意思与之差不多的词汇，不仅要得到有关部门的允许，还要有真实的数据调查。如果随意使用"第一"，不仅对自身品牌形象有不好的影响，还会对用户造成欺骗和误导。当然，这也是法律所不允许的。

5. 比喻不当

比喻式的文案标题能将某事物变得更为具体和生动，具有化抽象为具体的强大功能。所以，采用比喻的形式撰写标题，可以让短视频用户更加清楚地理解标题当中出现的内容，或者是短视频运营者想要表达的思想和情绪。这对于提高短视频的相关数据也能起到十分积极的作用。

但是，在标题中运用比喻，也要十分注意比喻是否得当的问题。一些作者在追求用比喻式的文案标题来吸引抖音用户目光的时候，常常会出现比喻不当的错误，也就是指本体和喻体没有太大联系，毫无相关性的情况。

在标题之中，一旦比喻不当，短视频用户就很难在文案标题中得到想要的效果，那么标题也就失去了它存在的意义。这不仅不能被短视频用户接受和喜爱，还可能会因为比喻不当，让短视频用户产生怀疑和困惑，从而影响短视频的传播效果。

6. 强加于人

强加于人，就是将一个人的想法或态度强行加到另一个人身上，不管对方喜不喜欢、愿不愿意。在撰写标题时，"强加于人"就是指运营者将本身或者对某一品牌的想法和概念植入到标题之中，强行灌输给短视频用户，给用户一种气势凌人的感觉。

当一个标题太过盛气凌人的时候，用户不仅不会接受该标题所表达的想法，还会产生抵触心理——越是想让用户看，用户就越是不会看；越是想让用户接受，用户就越是不接受。如此循环往复，最后受损失的还是运营者自己，或者是某品牌自身。

第4章

文案策划：

提高短视频持续吸睛

学前提示

　　短视频文案是制作短视频中较为重要的一个环节，从其作用来看，优秀的短视频文案能够与观众建立情感链接，引发共鸣，能够给短视频账号带来流量。

　　那么如何更好地进行文案策划呢？下面我们将对短视频文案的编写进行重点分析。

要点展示

- ▶ 结合文字视频
- ▶ 文案种类分析
- ▶ 文案价值体现
- ▶ 创作基本素质
- ▶ 核心挖掘痛点
- ▶ 优化文案吸睛
- ▶ 把握文字表达
- ▶ 精准定位营销
- ▶ 文案花样展示
- ▶ 评论文案技巧
- ▶ 文案注意误区

▶ 035　结合文字视频

在短视频文案的编写中，一般都会包含文字和视频画面，二者的形式虽然不同，但都是服务于同一个主题的。因此，在撰写短视频文案内容时，必须让文字和视频画面紧密结合起来。下面针对短视频文案的两个组成部分进行简单分析。

1. 文字

短视频中的文字是对短视频文案主题的体现，在内容上往往也是推广的诉求重点，针对标题的相关分析如图 4-1 所示。

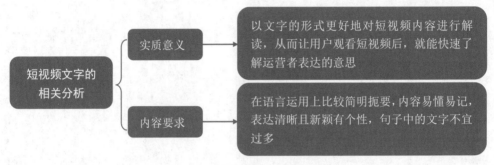

图 4-1　短视频文字的相关分析

2. 视频内容

对于任何行业而言，要想打败竞争对手，获得目标用户的认同，就不能没有品牌宣传和推广，而短视频文案的视频内容就是宣传推广中最为直接有效的部分，其具体分析如图 4-2 所示。

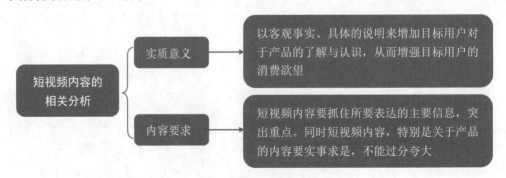

图 4-2　视频内容的相关分析

▶ 036　文案种类分析

从文案营销作用的角度来分类，常见的短视频文案种类包括以下3个大类。

➜ 1. 推广类文案

短视频文案在推广优化上的威力是不同凡响的，一个好的短视频文案，不仅能给商家起到不错的宣传推广作用，而且能通过一传十、十传百地传播，为商家带来较为可观的流量。

➜ 2. 公众类文案

公众类短视频文案就是有助于企业或机构处理好内外公关关系以及向公众传达企业各类信息的文案。

公众类文案可以分为公关文案与新闻文案。公关文案就是关于企业或机构组织有助于塑造良好组织形象，培养良好公众关系的新近事实的报道。这也就是公众性文案的目的所在。

有的企业就是通过公众类短视频文案来处理公众关系，一旦企业发生口碑危机，就在第一时间通过短视频来进行公关，维护企业的良好形象，避免对企业或品牌口碑造成负面影响。

➜ 3. 品牌力文案

品牌力短视频文案是指有助于品牌建设、累积品牌资产的文案。品牌力文案一般由企业主导，可以自己撰写，也可以找人写，撰写的角度多半有利于提升品牌知名度、联想度、美誉度及忠诚度。

品牌力离不开故事推广，甚至故事推广决定了品牌力。一个广告的好坏取决于文案的内容，一个品牌的传播离不开它的品牌价值，而讲故事又是传达品牌价值的一种重要方式。

因此，在短视频文案创作的过程中，创作者要通过短视频故事去传播品牌，传承品牌价值，从而创造传奇品牌。

▶ 037　文案价值体现

在现代商业竞争中，精彩的短视频文案往往能够让一个企业在众多的同类型公司中脱颖而出。短视频文案是竞争的利器，更是企业的核心和灵魂所在。

对于企业而言，一个优质的短视频文案可以促进品牌推广，提高人气和影响力，进而提升企业声誉，帮助企业获得更多的用户。短视频文案的作用是十分广泛的，尤其是在广告业蓬勃发展的商业社会中。

短视频文案在网络营销推广中之所以起着举足轻重的作用，主要是因为一个好的短视频文案能为运营者带来大量的流量，如果将这种流量加以转化，就可变成一种较大的商业价值。

在众多的网络推广方式中，短视频文案以可看性强、流通性广、效果持久等特点广受追捧。至于短视频文案具体有什么样的作用，主要包括以下3点内容。

1. 提高关注度

同一时间段发布大量短视频文案，可以很快地使得推广的产品或内容获得广泛的关注。这一点对于品牌新产品的宣传推广来说特别重要，正是因为如此，许多企业在新产品推出之后，都会通过对应的短视频文案来进行宣传推广。

2. 增强信任感

通过短视频平台进行营销，最主要的一个问题就是用户对于短视频运营者的信誉会有顾虑。

因此，短视频运营者在短视频文案的创作过程中，可以宣传自己公司的形象、专业的领域，尤其是提供敏锐的洞察力，去解决用户的实际问题，从而增强用户对短视频运营者的信任感。

并且，如果短视频文案的内容和用户切身相关，并能为用户提供实际有建设性的帮助和建议，那么短视频文案就能更好地说服用户，让用户对运营者多一分信任感。

3. 传播价值观

短视频文案不同于广告，这主要是因为短视频文案很大程度上带有个人的分析在里面，而不只是将内容广而告之，这个就属于自己的价值观的一种表达。

在短视频文案中不仅可以表达自己的观点，而且可以宣传产品，引导用户进行消费。如果短视频中的内容获得了用户的认同，还可以与其讨论以求共同进步。

▶ 038　创作基本素质

对于品牌推广而言，对内对外的宣传都是极为重要的。专业的文案创作者对于品牌推广的作用和影响是十分明显的。短视频文案创作者主要分为3类，分别是公司的雇员、自由撰稿人士和内容创业者。

不管是哪一类短视频文案创作者，都需要具备相关的基本素质。除了必备的工作素养之外，短视频文案创作者还应该有很强的沟通和协调能力，因为在日常工作中还需要跟摄影师和运营人员沟通，通过相互协作来完成工作。

1. 文案创作者的基本能力

短视频文案涉及的领域有很多，不同职位所需要的文案人员的能力不尽相同。通常来说，在职位招聘中，对短视频文案人员的能力要求主要集中于 4 个方面，相关分析如图 4-3 所示。

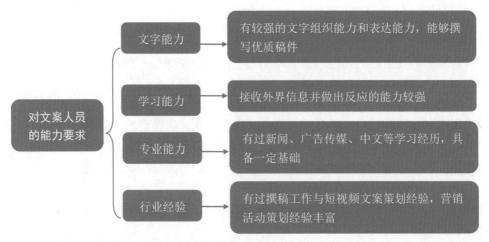

图 4-3　对文案人员的能力要求

2. 与相关人员做好沟通协作

短视频文案创作的工作内容并不是独立存在的，在文案创作中，摄影师和文案编辑人员以及运营人员是需要充分沟通、相互配合的。

为了让短视频文案的项目成果得到落实，三者在沟通时就要注意 4 个方面的内容，如图 4-4 所示。

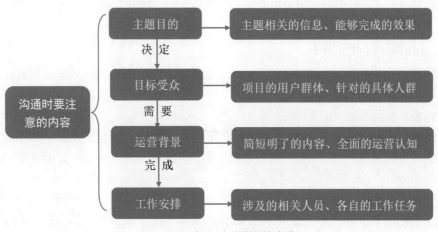

图 4-4　沟通时要注意的内容

▶ 039 核心挖掘痛点

如何把握文案创作的核心，快速打造吸睛的短视频文案呢？下面，将会从 3 个方面进行探讨。

1. 挖掘用户的痛点

企业想要让自己的短视频文案成功吸引用户的注意力，就需要将短视频文案变得有魔力，这种魔力可以从"痛点"中获取。"痛点"是什么呢？

所谓的"痛点"，是指用户在正常的生活中所遇到的问题、纠结和抱怨。如果这个事情不能得到解决，那么用户就会浑身不自在，甚至会感到痛苦。

如果文案创作者能够将用户存在的"痛点"体现在短视频文案中，并且给出解决方法，那么这样一个短视频文案，就会快速引起一部分用户的注意。

总之，以这个"痛点"为核心，找到解决"痛点"的方法，并且将方法和企业产品联系在一起，最后巧妙地融入文案的主题中，明确地传递给受众一种思想，帮助他们找到解决问题的方案。

2. 体现文案的价值性

一个优秀的短视频文案，必定会具备一定的价值。一般而言，优秀的文案除了要提及需要宣传的内容外，还要充分体现新闻价值、学习价值、娱乐价值以及实用价值，具体内容如图 4-5 所示。

提供实用知识和技巧的短视频文案往往能够得到短视频用户的青睐，虽然文案的价值不仅仅局限于实用技巧的展示，但从最为直接和实际的角度来看，能够提供行之有效、解决问题的方法和窍门是广大短视频用户都乐意接受的。这也是为什么文案需要具备价值的原因之一。

3. 拉近与用户的距离

撰写一个优秀短视频文案的第一步，就是寻找用户感兴趣的话题。对此，短视频运营者可以搜索相关的资料进行整理，产出用户感兴趣的内容，消除与用户之间的陌生感，从而取得用户的信任。

我们要记住一点，短视频文案的受众是广大的用户，这是文案创作的基本前提和要素。不同类型的用户对文案的需求也是不一样的。那么在创作文案的时候，到底应该怎么把用户放在第一位呢？

在创作文案时主要有 3 点技巧，即根据对象设定文案风格、根据职业使用相关的专业语言以及根据需求打造不同走向的短视频内容。掌握了这些技巧，就能够拉近与用户之间的距离，为文案创造更好的传播效应。

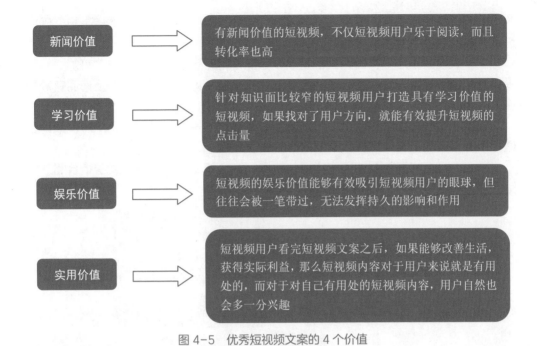

图 4-5 优秀短视频文案的 4 个价值

▶ 040 优化文案吸睛

如何让短视频文案更加精美、内容更加吸引眼球？下面，我们将从如何展示使用场景、如何紧跟时事热点、如何正确使用网络用语以及如何写出短小精悍的短视频文案这 4 个方面为短视频用户一一进行讲述。

➤ 1. 展示使用场景

短视频文案并不只是简单地用画面堆砌成一个短视频就万事大吉了，而是需要让用户在查看短视频内容时，能看到一个与生活息息相关的场景，从而产生身临其境的感觉。如此一来，短视频文案才能更好地勾起用户继续查看短视频内容的兴趣。

一般来说，文案创作者在创作文案时，有两种打造短视频文案场景的方法。一种是特写式，在短视频文案中将特定场景中具有代表性、特征性的典型情境集中、细致地凸显出来。

另一种是鸟瞰式，在短视频文案中较全面地写出特定场景的景象和气氛，展现一个完整的艺术画面。

➤ 2. 紧跟时事热点

所谓"时事热点"，即可以引起众人重点关注的中心事件或信息等，紧跟热点的文案可以增加点击量。值得注意的是，大部分人群都对热门的事物感兴趣，因此热点一般都会吸引大多数人的眼球。

由于短视频平台具有即时性的特点，因而使得时事热点的传播有了可能。特别是抖音和快手等短视频平台，作为重要的社交平台，这些短视频平台上都拥有数量庞大的用户。

因此在这些短视频平台上，打造紧抓时事热点的短视频文案，利用短视频平台进行传播，有利于实现短视频文案内容的快速传播。

那么，打造文案时要如何牢牢抓住热点呢？文案又怎样与热点紧密结合呢？这里将技巧总结为 3 点，如图 4-6 所示。

图 4-6　短视频文案抓住时事热点的技巧

在短视频平台上，各式各样的短视频账号每天都会推送内容，为了尽可能吸引人们的眼球，文案创作者们都会苦思冥想，仔细斟酌，而紧跟热点就是他们常用的方法之一，这种方法也能有效提高短视频的点击量。

3. 使用网络用语

网络用语是人们日常生活中常用的语言之一，虽然有时候网络用语不太规范，但是，因为被大众广泛使用，所以当短视频运营者在短视频文案中使用网络用语时，许多用户还是可以理解的。

而且网络用语在一段时间内可能会成为热门用语，此时，运营者在短视频中使用该网络用语可以快速吸引用户的注意力，拉近与用户之间的距离。

事实上，短视频文案中的语言最主要的特点就是真实和接地气，使用网络用语也是为了贴近目标人群的用语习惯，抓住用户的爱好和需求。

4. 内容短小精悍

随着互联网和移动互联网的快速发展，碎片化的阅读方式已经逐渐成为主流，大部分用户看到时长较长的短视频时可能会产生抵触心理。即使有的用户愿意查看时长较长的短视频内容，也很难坚持看完。

从制作成本的角度来看，时长较长的短视频拍摄的时长可能会长一些，进行后期处理的时长也更长一些，如果短视频文案的反响效果不好，那就会"赔了夫人又折兵"。对于短视频文案的制作来说，"小而精美"是关键所在，也就是说，一个成功的短视频文案应该具备短小精悍的特点。

如此一来，用户就能很快了解短视频文案的大致内容，从而获取短视频创作者想要传达的重点信息。小而精美，并不是说短视频文案只能短不能长，而是要尽可能地做到表达上言简意赅、重点突出，让用户看完你的短视频文案之后，能够快速了解短视频需要传达的重要信息。

▶ 041 把握文字表达

短视频账号运营者要想更高效率、更高质量地完成短视频文案任务，除了掌握写作技巧之外，还需要学会玩转文字，让表达更合用户的口味。

➔ 1. 内容重点突出

短视频文案主题是整个视频的生命线，作为一名短视频账号运营者，其主要职责就是设计和突出主题。短视频文案要以内容为中心，确保主题的绝妙性和真实价值，整个短视频的成功主要取决于短视频文案的效果。图 4-7 所示为重点突出的文案类短视频。

图 4-7　重点突出的短视频文案

该短视频直接将自己的内容概括用较大的字号写了出来，放在了视频画面的上方，让短视频用户一看就能明白。不过短视频要以内容为中心，要花时间确保主题的绝妙性，才会让其有一定的真实价值。

在任何一个文案中，中心往往是最为醒目的地方，整个文案的成功主要取决于文案中心主题的效果。优秀的视频文案应该简洁、突出重点，适合产品，适合媒介，适合目标群体，形式上不花哨，更不啰唆。

需要注意的是，短视频运营者要想突出文案的中心内容，还要提前对相关的受众群体有一个定位，比如一款抗皱能力突出的衬衣，其相关的定位应该从以下 3 个方面入手，如图 4-8 所示。

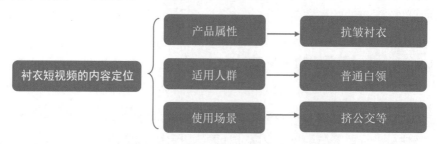

图 4-8　衬衣短视频文案的内容定位

除了醒目的重心内容之外，视频文案中的重点信息也必须在一开始就传递给用户。因为如果开始的内容没有抓住用户的需求，用户就很可能会离开视频。

2. 语义通俗易懂

文字要通俗易懂，能够做到雅俗共赏。这既是视频文案的基本要求，也是在视频文案创作的逻辑处理过程中，短视频运营者必须了解的思维技巧之一。

从本质上而言，通俗易懂并不是要将文案中的内容省略掉，而是通过文字组合展示内容，让用户在看到短视频文案后，便心领神会。图 4-9 所示为通俗易懂文案的短视频。

图 4-9　通俗易懂的文案

从通俗易懂的角度出发，我们追求的主要是文字所带来的实际效果，而不是文字上的知名度。那么如何让文字起到更好的实际效果呢？短视频运营者不妨从以下3个方面进行考虑，如图4-10所示。

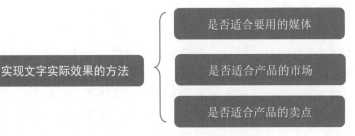

图4-10　实现文字实际效果的方法

3. 删除多余内容

成功的文案往往表现统一，失败的文案则是原因众多。在可避免的问题中，文字的累赘是失败的主因，其导致的结果主要包括内容毫无意义、文字说服力弱和问题模棱两可等。

解决多余文字最为直接的方法就是将其删除，这也是强调与突出关键字句最为直接的方法。例如，某美妆品牌的口红广告短视频文案，可以看到它便是直接告诉用户产品的颜色，还有现在的优惠，以求快速吸引用户眼球，如图4-11所示。

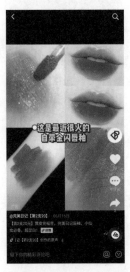

图4-11　某口红的广告短视频文案

删除多余的内容对于广告文案来说其实是一种非常聪明的做法。一方面，多余的内容删除之后，重点内容更加突出，用户能够快速把握短视频要传达的意图。另一方面，多余的内容删除之后，内容将变得更加简练，同样的内容能够用更短的时间进行传达，短视频用户不容易产生反感情绪。

4. 少用专业术语

专业术语是指在特定领域和行业中，对一些特定事物的统一称谓。在现实生活中，专业术语十分常见，如在家电维修业中对集成电路称作 IC；添加编辑文件称加编；大企业中称行政总裁为 CEO 等。

专业术语的实用性往往不一，但是从短视频文案创作的技巧出发，往往需要将专业术语用更简洁的方式替代。专业术语的通用性比较强，但是文案中往往不太需要。相关的数据研究也显示专业术语并不适合大众阅读，尤其是在快节奏化的生活中，节省阅读者时间和精力，提供良好的阅读体验才是至关重要的。

作者曾见到某电脑广告文案的部分内容，可以看到在这则文案中有一些行外人看不太懂的词汇，如"GTX1660 super""GTX2080 Ti"等。这样就会让一些不太懂行的抖音用户看得一头雾水。图 4-12 所示为专业术语太强的短视频。

图 4-12　专业术语太强的短视频

当然，减少视频中专业术语的使用量并不是不能使用专业术语，而是要控制其使用量，并且适当对专业术语进行解读，让用户知道视频文案中专业术语表达的意思，把专业内容变得通俗化。

▶ 042　精准定位营销

精准定位同样属于文案的基本要求之一，每一个成功的广告文案都具备这一特点。图 4-13 所示为两个男装的广告文案短视频。

这两个广告文案的成功之处就在于根据自身定位，明确地指出了目标消费者是不会穿搭的男生，能够快速吸引大量精准用户的目光。对短视频账号运营者而言，要想做到精准的内容定位，可以从 4 个方面入手，如图 4-14 所示。

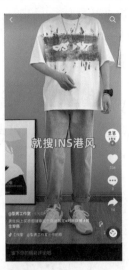

图 4-13 男装广告文案短视频

精准内容定位的
相关分析

简单明了，以尽可能少的文字表达出视频内容精髓，保证其信息传播的有效性

尽可能地打造精练的视频文案，用于吸引用户的注意力，也方便用户迅速记住相关内容

在语句上使用简短文字的形式，更好地表达文字内容，也防止用户产生阅读上的反感

从受众出发，对用户的需求进行换位思考，并将相关的有针对性的内容直接表现在视频文案中

图 4-14 精准内容定位的相关分析

▷ 043 文案花样展示

对于正在创作中的短视频文案而言，要想突出短视频文案特点，就要在保持创新的前提下通过多种方式更好地打造短视频文案本身。

短视频文案表达主要有 8 个方面的要求，具体为词语优美、方便传播、易于识别、内容流畅、契合主题、易于记忆、符合音韵和突出重点。

短视频文案想要持续吸引用户，短视频账号运营者还可以玩点花样，主要可以从如下两个方面出发。

1. 形象生动表达

形象生动的文案表达，容易营造出画面感，从而加深用户的第一印象，让用户看一眼就能记住文案内容。例如，关于姓氏头像的短视频文案，便是通过壁纸中文字的个性表达来赢得短视频用户关注的，如图 4-15 所示。

图 4-15　关于姓氏头像的文案

对于短视频账号运营者而言，每一个优秀的短视频文案在最初都只是一张白纸，需要创作者不断地添加内容，才能够最终成型。要想更有效地完成任务，就需要对相关的工作内容有一个完整认识。

而一则生动形象的短视频文案则可以通过清晰的别样表达，在吸引用户关注、快速让用户接受短视频文案内容的同时，激发用户对短视频文案中产品的兴趣，从而促进产品信息的传播和销售。

2. 运用创意方式

创意对于任何行业的新媒体文案都十分重要，尤其是在网络信息极其发达的社会中，自主创新的内容往往能够让人眼前一亮，进而获得更多的关注。图 4-16 所示为将产品创意化的短视频文案。

创意是为文案主题进行服务的，所以文案中的创意必须与主题有着直接关系，创意不能生搬硬套，牵强附会。在常见的优秀案例中，文字和图片的双重创意往往比单一的创意更能够打动人心。

图 4-16　创意十足的短视频文案

▶ 044　评论文案技巧

　　说到短视频文案，大多数运营者可能更多的是想到短视频的内容文案。其实，除此之外，在短视频的运营过程中还有一个必须重点把握的文案部分，那就是评论区的文案。那么，评论区的文案写作有哪些技巧呢？下面我们将通过 3 个方面来进行具体分析。

➤ 1. 视频内容评论

　　视频文案中能够呈现的内容相对有限，这就有可能出现一种情况，那就是有的内容需要进行一些补充。此时，短视频账号运营者便可以通过评论区的自我评论来进一步进行表达。

　　另外，在视频刚发布时，可能看到的用户不是很多，也不会有太多用户评论，如果进行自我评论，也能从一定程度上起到引导用户评论视频的作用。

➤ 2. 回复引导用户

　　除了自我评价补充信息之外，运营者在创作评论文案时，还需要做好一件事，那就是通过回复评论解决短视频平台用户的疑问，引导他们的情绪。

➤ 3. 评论注意事项

　　回复视频评论看似是一件再简单不过的事，实则不然。为什么这么说？这主要是因为在进行评论时还有一些需要注意的事项，具体如下。

1）第一时间回复评论

短视频平台运营者应该尽可能地在第一时间回复短视频平台用户的评论，这主要有两个方面的好处。一是快速回复用户能够让用户感觉到你对他（她）很重视，这样自然能增加用户对你和你账号的好感；二是回复评论能够从一定程度上增加视频的热度，让更多用户看到你的视频。

那么如何做到第一时间回复评论呢？其中一种比较有效的方法就是在视频发布后的一段时间内，及时查看用户评论。一旦发现有新的评论，便在第一时间做出回复。

2）不要重复回复评论

对于相似的问题，或者同一个问题，短视频平台运营者最好不要重复进行回复，这主要有两个原因。一是很多用户的评论中或多或少会有一些营销的痕迹，如果重复回复，那么整个评价界面便会看到很多有广告痕迹的内容，而这些内容往往会让用户产生反感情绪。二是相似的问题、点赞相对较高的问题会排到评论的靠前位置，短视频账号运营者只需对点赞较高的问题进行回复，其他有相似问题的用户自然就能看到。而且这还能减少评论的回复工作量，节省大量的时间。

3）注意规避敏感词汇

对于一些敏感的问题和敏感的词汇，短视频账号运营者在回复评论时一定要尽可能地进行规避。当然，如果避无可避，那也可以采取迂回战术，如不对敏感问题作出正面的回答、用一些其他意思相近的词汇或用谐音代替敏感词汇。

▶ 045 文案注意误区

不少短视频账号运营者在创作视频内容时，往往因为没有把握住文案内容编写的重点事项而以失败告终。想要撰写出一个好的视频文案并非易事，它对短视频账号运营者的专业知识和文笔功夫有着很高的要求。

下面我们针对短视频账号运营者的常见失败事项，来盘点一下视频文案编写过程中需要注意的四大禁忌。

▶ 1. 更新质量较低

短视频相对其他营销方式成本较低，成功的短视频也有一定的持久性，一般视频成功发布后就会始终存在，除非发布的那个网站倒闭了。当然始终有效，并不等于马上见效，于是有的运营者一天会发好几个视频到平台网站。

事实上，短视频营销并不是靠数量就能取胜的，更重要的还是质量，一个高质量的短视频内容文案胜过十几个一般的短视频内容。然而事实却是，许多短视频账号运营者为了保证推送的频率，宁可发一些质量相对较差的视频。而这种不够用心的视频推送策略，所导致的后果往往就是内容发布出来之后却没有多少人看。

如果短视频账号运营者将视频内容的推送仅仅作为一个自己要完成的任务，只是想着要按时完成，而不注重内容是否可以吸引到目标用户。甚至于有的短视频账号运营者会将完全相同的视频文案内容，进行多次发布。像这一类的短视频文案质量往往没有保障，并且点击量等数据也会比较低，如图4-17所示。

图4-17　点击量等数据偏低的短视频

除此之外，还有部分短视频账号运营者在创作短视频文案时，喜欢兜圈子，可以用一句话表达的意思非要反复强调，不但降低短视频的阅览性，还可能会令观看用户嗤之以鼻。

短视频文案的目的是推广内容，因而每个短视频文案内容都应当有明确的主题和内容焦点，并围绕该主题和焦点进行内容创作。运营者不能为了账号的更新数量而降低了更新质量。

2. 脱离市场环境

对于品牌方的官方短视频账号运营者，其视频文案多是关于企业产品和品牌的内容，这些产品和品牌是处于具体市场环境中的产品，其所针对的目标也是处于市场环境中具有个性特色的消费者，因此，不了解具体的产品、市场和消费者情况是行不通的，其结果必然是失败的。

所以，在编写和发布投稿视频时，必须进行市场调研，了解产品情况，才能写出切合实际、能获得消费者认可的视频文案。在视频文案创作过程中，应该充分了解产品，具体分析如图4-18所示。

充分了解产品	做好市场定位分析，把握市场需求情况
	了解目标消费者对产品最关注的是什么
	了解产品竞争对手的具体策略及其做法

图 4-18　充分了解产品的相关分析

而从消费者方面来说，应该迎合消费者的各种需求，关注消费者感受。营销定位大师杰克·特劳特（Jack Trout）曾说过："消费者的心是营销的终极战场。"那么文案也要研究消费者的心智需求，也要从这里出发，具体内容如下。

1）价值感

一个人如果能从某个方面得到价值感的满足，往往愿意为其掏腰包。我们可以将短视频内容与实现个人的价值感结合起来，以打动客户。

比如，销售豆浆机的视频文案可以这样描述："当孩子们吃早餐的时候，他们多么渴望不再去街头买豆浆，而喝上刚刚榨出来的纯正豆浆啊！当妈妈将热气腾腾的豆浆端上来的时候，看着手舞足蹈的孩子，哪个妈妈会不开心呢？"一种做妈妈的价值感油然而生，会激发为人父母的消费者的购买意念。

2）安全感

人是趋利避害的，内心的安全感是最基本的心理需求，把产品的功用和安全感结合起来，是说服客户的有效方式。

比如，新型电饭煲的视频文案可以这样说，这种电饭煲在电压不正常的情况下能够自动断电，可以有效防范用电安全问题。这一卖点的提出，对于关心电器安全的家庭主妇一定是个攻心点。

3）支配感

"我的地盘我做主"，每个人都希望表现出自己的支配权。支配感不仅是对自己生活的一种掌控，也是源于对生活的自信，更是视频文案要考虑的出发点。

比如，信用卡的视频文案可以这样说，生活不止工作的辛苦，还有诗与远方，快来拿起信用卡，来场说走就走的旅行吧，而且预订飞机票享受优惠哦。通过对上班族想减轻压力，实现自己权利的想法进行重点突破，激起用户办理欲望。

4）归属感

归属感实际就是标签，你是哪类人，无论是成功人士、时尚青年，还是小资派、非主流，每个标签下的人要有一定特色的生活方式，他们使用的商品、他们的消费都表现出一定的亚文化特征。

比如，对追求时尚的青年，销售汽车的视频文案可以写：这款车时尚、动感、改装方便，是玩车一族的首选。对于成功人士或追求成功的人士可以写：这款车稳重、大方，开车出去见客户、谈事情比较得体，有面子。

3. 不够准确规范

随着互联网技术的发展，每天更新的信息量是十分惊人的。"信息爆炸"的说法主要就来源于信息的增长速度，庞大的原始信息量和更新的网络信息量通过新闻、娱乐和广告信息等传播媒介作用于每一个人。

对于文案创作者而言，要想让文案被大众认可，能够在庞大的信息量中脱颖而出，首先需要做到的就是准确性和规范性。在实际的应用中，准确性和规范性是对于任何文案写作的基本要求，具体的内容分析如图4-19所示。

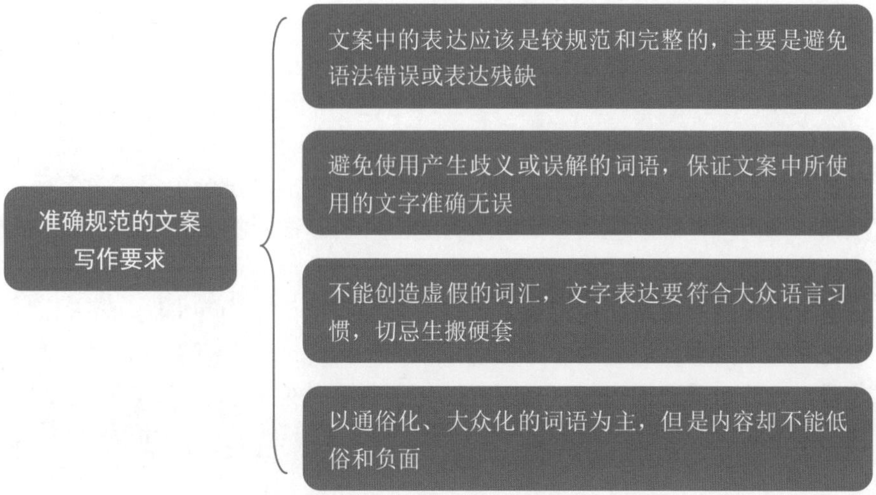

准确规范的文案写作要求

文案中的表达应该是较规范和完整的，主要是避免语法错误或表达残缺

避免使用产生歧义或误解的词语，保证文案中所使用的文字准确无误

不能创造虚假的词汇，文字表达要符合大众语言习惯，切忌生搬硬套

以通俗化、大众化的词语为主，但是内容却不能低俗和负面

图 4-19 准确规范的文案写作要求

之所以要准确、规范地进行文案的写作，主要就是因为准确和规范的文案信息更能够被用户理解，从而促进短视频文案的有效传播，节省产品的相关资金投入和人力资源投入等，创造更好的效益。

4. 文案书写错误

众所周知，报纸杂志在出版之前，都要经过严格审核，保证文章的正确性和逻辑性，尤其是涉及重大事件或是国家领导人，一旦出错就需要追回重印，损失巨大。视频文案常见的书写错误包括文字、数字、标点符号以及逻辑错误等方面，文案撰写者必须严格校对，防止校对风险的出现。

1）文字错误

短视频文案中常见的文字错误为错别字，例如一些名称错误，包括企业名称、人名、商品名称、商标名称等。对于短视频文案尤其是短视频广告文案来说，错别字可能会影响短视频的质量，导致短视频内容传达概念有误。

2）数字错误

在短视频数字错误中较为常见的是数字单位丢失，例如某短视频文案里出现"中国人民银行 2020 年第一季度社会融资规模增量累计为 5.58 亿元"。

一般来说，一个大型企业每年的信贷量都在几十亿元以上，怎么可能整个国家的货币供应量才"5.58"亿元？所以，根据推测应该是丢失了"万"字，应为"5.58万亿元"，这种数字单位的丢失会让数据内容过于离谱。

3）标点错误

无论在哪种类型的短视频文案中，标点符号错误都是应该要尽力避免的。虽然看起来标点错误问题不大，但仍会给用户一种不严谨的感受。在文案创作中，常见的标点错误包括以下几种。

一是引号用法错误。这是标点符号使用中错得最多的。不少短视频账号运营者对单位、机关、组织的名称，产品名称、牌号名称都用了引号。其实，只要不发生歧义，名称一般都不用引号。

二是书名号用法错误。证件名称、会议名称（包括展览会）不用书名号。但有的短视频账号运营者把短视频文案中所有的证件名称，不论名称长短都用了书名号，这是不合规范的。

三是分号和问号用法常见错误。这也是标点符号使用中错得比较多的，主要是简单句之间用了分号，还有两个半句可以合在一起构成一个完整的句子，但中间也用了分号，有的句子已很完整，与下面的句子并无并列关系，该用句号，却用了分号，这也是不对的。

4）逻辑错误

所谓逻辑错误，是指短视频文案的主题不明确，逻辑关系不清晰，存在语意与观点相互矛盾的情况。

第5章

账号运营：
调整方向和抓住机遇

学前提示

　　每个平台上都有难以计数的运营者，并且很多平台的运营者数量还呈上升趋势。那么短视频账号运营者如何做好账号的运营，从众多运营者中脱颖而出，成为短视频平台中独一无二的存在呢？

　　本章主要从短视频的账号运营内容出发，帮助短视频运营者打造短视频平台的头部 IP。

要点展示

- ▶ 个人品牌现状
- ▶ 账号差异运营
- ▶ 人设价值观塑造
- ▶ 粉丝分类了解
- ▶ 粉丝情况分析
- ▶ 粉丝运营技巧
- ▶ 认识机构好处
- ▶ 抓住机构机遇
- ▶ 机构签约细节

▶ 046 个人品牌现状

经常使用短视频平台观看视频的用户应该会发现，首页推荐是按照个人的使用习惯和观看兴趣而进行内容推荐的。所以短视频用户总能在短视频平台首页刷上好一会儿，从中寻找自己喜欢的内容，如图 5-1 所示。

图 5-1　部分短视频平台首页

当用户无法被首页推荐满足，想换个领域内容来了解时，一般会选择查看该领域的头部账号短视频。例如，用户想在抖音平台看游戏内容，会选择"一条小团团 OvO""林颜"等。图 5-2 所示为抖音游戏内容的头部短视频账号。

排行	博主	飞瓜指数	粉丝数	平均点赞	平均评论	平均转发	操作
01	一条小团团OvO	1323.5	4296.2w	43.1w	1.3w	1314	详情
02 12	林颜	1221.2	2096.2w	78.7w	2.2w	6448	详情
03	AG超玩会梦泪	1210.4	2915.2w	40.4w	5783	437	详情
04 12	张大仙	1210.0	3300.2w	21.7w	5306	356	详情

图 5-2　抖音游戏内容的头部账号

为什么用户在选择特定领域内容时，都会不约而同地先了解头部短视频账号呢？这是因为平台的头部短视频账号都形成了个人品牌，他们的名字就是自己所在领域的保证。例如，普通短视频账号和头部短视频账号同样是在做某领域内容的短视频，短视频质量也相差不大，但是视频发布后的效果和数据却差很多。

如果短视频账号运营者想贴近用户，获取用户的互动与支持，那么打造自己的个人品牌至关重要。无论你是不是刚开始做短视频，都有必要打造自己的个人品牌。一般来说，你的个人品牌通常会展示给 3 类人群，如图 5-3 所示。

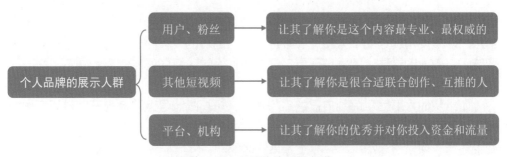

图 5-3　个人品牌的展示人群

短视频账号运营者想要成功打造自己的个人品牌，首先还得分析账号的运营发展现状，下面我们将对账号运营发展现状的 3 个方面进行全面分析。

1. 粉丝关注

短视频账号运营者可以通过粉丝关注来了解账号的定位目标，从而更有针对性地创作视频。可能对于大部分短视频账号运营新人而言，其账号的粉丝数很少，但是不用气馁，我们还是可以在粉丝关注里进行"淘金"。

比如现在短视频平台很火的合作视频，短视频账号运营者之间通过分工合作来进行视频创作。但是有些短视频账号运营者对这种合作视频有误解，认为这种视频肯定是要找某领域的头部短视频账号运营者来合作才会有粉丝引流的效果。

其实不然，我们可以直接在粉丝列表里进行短视频账号运营者筛选，然后对比较合适的短视频账号运营者发起邀请。只要短视频账号运营者之间利用好自己的长处，共同制作出高质量的视频，同样可以为双方进行粉丝的引流。

而且从粉丝关注里进行"淘金"，大大降低了短视频账号运营者被拒绝的概率。既然他选择关注了你，肯定是你的某些方面也吸引着他。不过在邀约你的粉丝前，最好先关注一下对方，成为互粉好友。这是你对他的诚意，能大大提高合作机会。

2. 知识能力

无论一个视频有多长时间，其创作都体现着短视频账号运营者的知识能力。当你的短视频拥有了强大的知识能力作支撑时，你的短视频账号才会成为平台的头部 IP。

优秀的知识能力对账号个人品牌的塑造非常重要，其内容不仅包括书面上的知识和专业上的能力，还包括短视频账号运营者个人长处的方方面面。例如转笔、做手账、游戏捏脸等都可以成为短视频账号运营者的知识能力，只要你把所擅长的东西努力做好、放大，就会受到短视频平台用户的喜爱。

不过需要注意的是，短视频账号运营者虽然是一个不断输出内容的本体，但是在平日里也需要不断输入其他内容来提高自己，从而满足用户的多种需求。

3. 个人剖析

短视频账号运营者要学会个人剖析，分析自己的优势和劣势，把好的一面传递给用户，展现出优秀的个人品牌。不过在个人剖析的过程中，短视频账号运营者还要听听其他人的看法。因为自己看自己总是片面的，有些优势和劣势并不会被自己发现。

如果从他人那里了解到自己的劣势太多，短视频账号运营者也不用过于气馁，劣势也有可能转化成你的优势。普通话能力强应该是优势，那普通话能力弱算是劣势吗？在人物品牌的建设上，可不是这样比较的。

例如，让游乐王子爆火的原因就是他的"塑料普通话（不标准的普通话）"，使用户比较难听懂他说话的字词，从而让用户听后演变出了其他新词语，如"雨女无瓜（与你无关）"等。因其新词语的趣味性，使游乐王子的"塑料普通话"深受用户喜爱，如图 5-4 所示。

图 5-4　关于游乐王子的短视频

每个短视频账号运营者都自己的优势和劣势所在，只要你能很好地运用自己的优势和劣势，你的个人品牌也终将深入短视频平台用户内心。

▶ 047 账号差异运营

如果说账号定位是短视频平台的入门，那么账号差异运营则是通往头部短视频账号的必经之路。头部短视频账号之所以成为短视频平台的头部 IP，原因就是他们做好了个人品牌的差异运营，就算是同领域内容的短视频账号也有所差别。

例如，数码内容的头部短视频账号"老师好我叫何同学""科技美学""短的发布会"，你知道他们的个人品牌定位是什么吗？如果是经常体验数码内容的用户，应该会有所了解。

如果你想了解某款手机的日常体验情况，短视频用户一般会推荐账号"老师好我叫何同学"；如果你想把几款手机的性能进行对比，短视频用户一般会推荐账号"科技美学"；如果你想了解数码圈的新鲜资讯，短视频用户一般会推荐账号"短的发布会"。

每个头部短视频账号运营者的个人品牌定位都是具有差异的，而且这种差异加深了用户对头部短视频账号运营者的印象。那么，短视频账号运营者一般是如何做好个人品牌差异的呢？我们可以从以下 3 个方面进行分析，如图 5-5 所示。

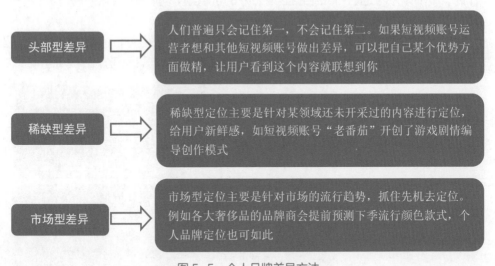

图 5-5　个人品牌差异方法

短视频账号运营者通过这种个人品牌差异化的展示，使你的视频内容区别于短视频平台其他账号，你的视频就会更吸引用户眼球，你的粉丝也会更加牢固。

▶ 048 人设价值观塑造

我们见过最多的可能是明星人设，它主要是明星用来展示给社会大众的外在形象。但是人设不仅在公众人物身上，就连微信朋友圈这个封闭的社交圈里也有人设，即用户通过发朋友圈的动态来展示自己，在微信好友心目中建立起一种形象。

人与人之间的交往，第一印象很重要，我们虽然不要凭第一印象去论断别人，但别人会用第一印象来评价你，所以对于短视频平台的视频投稿而言，视频内容就是我们给别人的"第一印象"，别人会通过你发布的视频内容，来初步了解你是一个什么样的人，然后再决定是否深层次了解你。

需要注意的是，我们在给自己塑造人设时，最好围绕自己的身份和背景去塑造。一般来说，我们塑造人设可以用以下两种方法。

➡ 1. 价值观塑造

始于颜值，终于价值。一个成功的人设塑造，最重要的就是价值观的形成。价值观是基于人一定观感之上的认知和理解，对人们的行为和定向有着非常重要的调节作用。短视频账号运营者如果能够输出好的价值观，就会吸引到更多的粉丝用户，也能使创造出的视频变得更加优质。

每个人的价值观都不同，我们在这里也无法引导大家进行价值观的转变。但是在视频中插入价值观元素时，应该注意哪些方面呢？具体分析如图 5-6 所示。

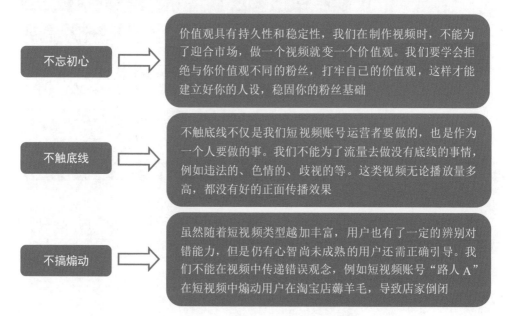

图 5-6　视频中插入价值观元素的方法

价值观是一个人随着出生开始，在家庭、学校和社会的共同影响下而逐步形成的。我们尊重每一个人的价值观，它是人们对于客观世界独有的看法，是人独立性的重要标志。

但是我们呼吁大家，短视频账号作为一种自媒体的存在，生产着丰富的内容知识给用户，切忌在视频中传达不正确的价值观，影响社会的稳定和健康。

2. 特定标语

特定标语指的是短视频中比较标志性的语句，俗称"口头禅"。优秀短视频账号的特定标语，几乎都是1句话或不超过3句话的人设文案。图5-7所示为优秀短视频账号的特定标语。

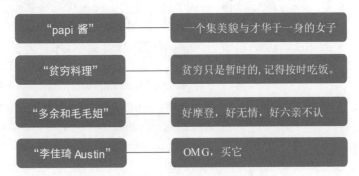

"papi酱"	一个集美貌与才华于一身的女子
"贫穷料理"	贫穷只是暂时的，记得按时吃饭。
"多余和毛毛姐"	好摩登，好无情，好六亲不认
"李佳琦Austin"	OMG，买它

图5-7　优秀短视频账号的优秀特定标语

特定标语有可能是随意说出的一句口头禅，也有可能是一句符合视频主题的开头语，这些文案都是以符合短视频账号人设为依据来进行创作的。通过每个视频的重复出现，给用户留下记忆点。

短视频账号运营者可以通过特定标语，结合短视频账号的风格特色、人设形象等因素，来进行视频的创作，进而获得受众群体的认可，实现人设打造的目的。

打造成功的特定标语，可以从文字和素材本身出发，通过全面认识更好地进行把握，如图5-8所示。

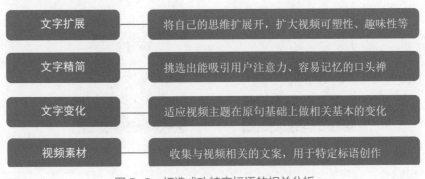

文字扩展	将自己的思维扩展开，扩大视频可塑性、趣味性等
文字精简	挑选出能吸引用户注意力、容易记忆的口头禅
文字变化	适应视频主题在原句基础上做相关基本的变化
视频素材	收集与视频相关的文案，用于特定标语创作

图5-8　打造成功特定标语的相关分析

在特定标语的构思方面，短视频账号运营者可以把平日的灵感记录下来，从而运用到短视频中，但运用时不能脱离短视频的主题。

▶ 049 粉丝分类了解

针对粉丝，短视频运营者该如何进行细分呢？一般来说，我们会把粉丝分为 3 个阶层，如图 5-9 所示。

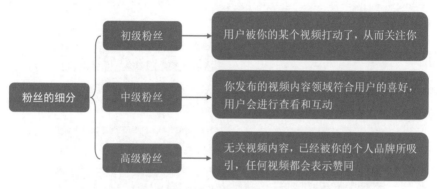

图 5-9　粉丝的细分

短视频账号运营者可以通过粉丝运营来提高粉丝的阶层，如打造粉丝后援团、发放粉丝专属福利等，以提高粉丝的使用体验和黏性，如图 5-10 所示。

图 5-10　粉丝福利的短视频

初级粉丝、中级粉丝和高级粉丝这 3 个阶层的粉丝虽然类型不同，但是会互相转化。如果你的短视频内容质量够优质，初级粉丝可能会被你的其他视频逐渐吸引，从而转化成你的中级粉丝。如果中级粉丝被你短视频账号树立的个人品牌形象所吸引，那么他们可能就会转化成你的高级粉丝。

反之，如果短视频内容质量较差，粉丝运营维护没做好，高级粉丝也有可能转化成你的中级粉丝、初级粉丝，甚至流失。

▶ 050　粉丝情况分析

粉丝的力量是无穷的，就比如现在一线当红流量明星，支撑他们的可能不是自己的演技和能力，但肯定是拥有了上百万甚至上千万的粉丝量。

当短视频账号运营者意识到粉丝的重要性时，就可以进一步加强与粉丝的互动，提升粉丝的黏性。

所谓粉丝运营，我们通常指的是短视频账号运营者对粉丝进行维护和管理，从而增强粉丝的黏性，来实现视频数据、商业变现能力的提高。针对账号粉丝的基础情况，我们可以从粉丝活跃率、粉丝付费率和粉丝留存率这3个方面进行分析。

➤ 1. 粉丝活跃率

粉丝活跃率一般体现在粉丝愿不愿意主动观看你的视频，还有观看之后是否会进行二次操作，如点赞、评论、分享等。粉丝活跃率越高，你的视频数据才会越好，你的视频才会被更多人看见。

短视频账号运营者想要提高自己短视频账号的粉丝活跃率，可以从以下3个方面入手，如图5-11所示。

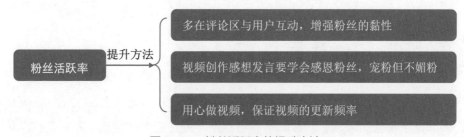

图 5-11　粉丝活跃率的提升方法

➤ 2. 粉丝付费率

粉丝付费率一般体现在粉丝愿不愿意接受你短视频推广的产品，并且会对你推广的产品去主动购买，从而让品牌商家看到你的商业潜力。粉丝付费率越高，你的商业收入才会越多。

短视频账号运营者想要提高自己短视频平台账号的粉丝付费率，可以从以下3

个方面入手，如图 5-12 所示。

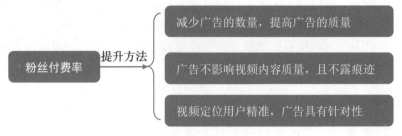

图 5-12　粉丝付费率的提升方法

3. 粉丝留存率

粉丝留存率一般体现在粉丝愿不愿意关注你之后永久不取关，自始至终地为你的视频进行留存。粉丝留存率越高，你的粉丝基础才能越稳扎稳打地不断提升，你的短视频平台账号价值才会越来越高。

短视频账号运营者想要提高自己短视频平台账号的粉丝留存率，可以从以下 3 个方面入手，如图 5-13 所示。

图 5-13　粉丝留存率的提升方法

051　粉丝运营技巧

很多短视频账号运营者在运营账号的过程中，经常一味地只关注视频的数据情况，而忽略了粉丝的运营，导致账号的粉丝上不去，视频数据也上不去。这两块内容是相辅相成的，下面我们将介绍 3 个方面的技巧，教你如何运营好粉丝。

1. 粉丝需求

短视频账号运营者想运营好粉丝，除了做好自己的短视频内容外，还要懂得粉丝的需求。当短视频账号运营者贴合粉丝的需求去做短视频时，就不愁账号的初级粉丝无法转化成高级粉丝了。

但是作为短视频账号运营者，我们该如何了解粉丝的需求呢？一般来说，主要分为3种方法，具体分析如图5-14所示。

图5-14　了解粉丝需求的方法

短视频账号运营者可以在粉丝需求中了解粉丝想看什么内容、喜欢怎样的视频风格、视频时长控制在什么时间、广告接受程度、视频的改进建议等。好的粉丝运营需要贴近粉丝，这样才能发挥其作用。

2. 抓老引新

抓牢老粉丝很重要，引入新粉丝同样重要。我们可以在视频中插入一些引流固粉的话术，来博得用户的好感，从而做到"抓老引新"。图5-15所示为部分短视频结尾的引流固粉话术。

图5-15　部分短视频结尾的引流固粉话术

以上短视频账号运营者的引流固粉话术通常是在视频的结尾中出现，因为用户观看视频快到结束部分，证明该视频得到了用户的认可。短视频账号运营者可以用这样的方式表达对新老粉丝的感谢，还能提醒用户去关注、点赞、评论和转发。图 5-16 所示为短视频平台部分账号的引流固粉话术。

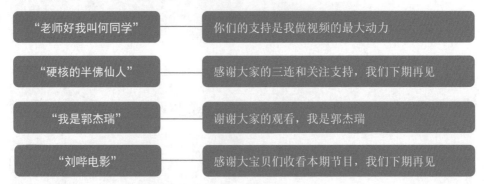

图 5-16　短视频平台部分账号的引流固粉话术

除此之外，我们还可以通过加入互动的方式来"抓老引新"，它和引流固粉的话术有些类似，主要是通过话术来激发沉默用户，掀起用户的讨论，例如"觉得有问题的打个 1，觉得没问题的打个 2"，"你们觉得这样的行为对吗"。

加入互动的话术主要是给出选择和提出疑问这两种方式。通过抛出问题，让用户在评论区进行讨论，增加视频的评论数据。

3. 对症下药

如果短视频账号运营者已经迈出了粉丝运营这一步，但是实施的效果不是特别好，粉丝的规模增长缓慢，甚至出现衰退的趋势，运营者可从短视频账号常见的问题进行分析，对症下药，具体分析如图 5-17 所示。

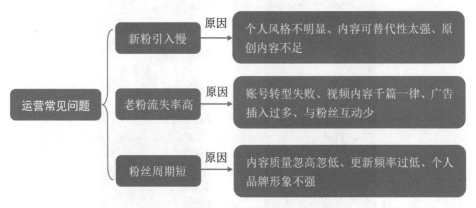

图 5-17　短视频账号常见的问题分析

短视频账号运营者在粉丝运营的常见问题上，首先要找出问题的原因，并有针对性地去改善，这样就不愁效果不好了。如发现个人风格不明显，短视频账号运营者可以找到自己的个人特点，并在视频里放大，逐渐形成自己的风格。

▶ 052 认识机构好处

MCN 是 Multi-Channel Network（多通道网络）的缩写，MCN 模式是在短视频领域中逐渐成为一种标签化 IP。单纯的个人创作很难形成有力的竞争优势，因此加入 MCN 机构是提升视频内容质量的不二选择。

MCN 机构能提供丰富的资源，帮助短视频账号运营者完成一系列的相关工作，比如管理创作的内容、实现内容的变现、个人品牌的打造等。有了 MCN 机构的存在，短视频账号运营者就可以更加专注于内容的精打细磨，从而不必分心于内容的运营、变现。

MCN 模式来自于国外成熟的网红运作，是一种多频道网络的产品形态，基于资本的大力支持，生产专业化的内容，以保障变现的稳定性。

随着视频的不断发展，用户对视频内容的审美标准也有所提升，因此这也要求视频团队不断增强创作的专业性。一般而言，一个视频是否能够在人群中传播开来，主要取决于内容质量和运营模式。

如果短视频账号运营者只是打造出了质量上乘的内容，却没有好的渠道和资源支持内容的输出，就很难形成大范围的传播，难以达到理想中的营销效果。但是 MCN 机构不同，相比于短视频账号运营者个人的单枪匹马作战，它更像是一个军队共同在战斗，其好处很多，具体分析如图 5-18 所示。

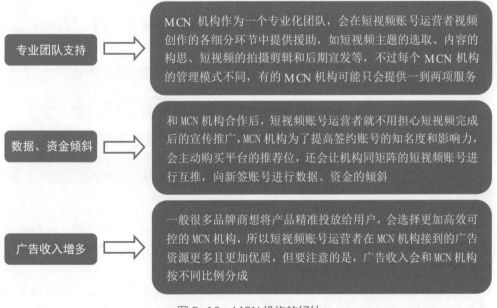

专业团队支持
MCN 机构作为一个专业化团队，会在短视频账号运营者视频创作的各细分环节中提供援助，如短视频主题的选取、内容的构思、短视频的拍摄剪辑和后期宣发等，不过每个 MCN 机构的管理模式不同，有的 MCN 机构可能只会提供一到两项服务

数据、资金倾斜
和 MCN 机构合作后，短视频账号运营者就不用担心短视频完成后的宣传推广，MCN 机构为了提高签约账号的知名度和影响力，会主动购买平台的推荐位，还会让机构同矩阵的短视频账号进行互推，向新签账号进行数据、资金的倾斜

广告收入增多
一般很多品牌商想将产品精准投放给用户，会选择更加高效可控的 MCN 机构，所以短视频账号运营者在 MCN 机构接到的广告资源更多且更加优质，但要注意的是，广告收入会和 MCN 机构按不同比例分成

图 5-18　MCN 机构的好处

随着 MCN 机构的不断发展，部分 MCN 机构已经具备了艺人经纪公司的实力。在流量为王的时代，短视频账号运营者通过签约 MCN 机构来获得更多视频专业上的帮助，不失为一个不错的选择。

▶ 053 抓住机构机遇

MCN 机构的发展也是十分迅猛的，因为视频行业正处于发展的阶段，因此 MCN 机构的生长和改变也是不可避免的，而大部分视频平台的头部内容基本上也是由几大 MCN 机构助力生产的。图 5-19 所示为 MCN 领域的领导者。

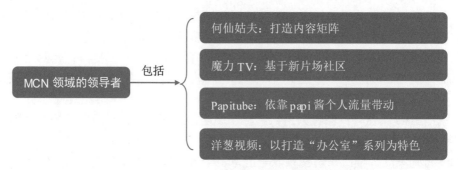

图 5-19　MCN 领域的领导者

目前视频创作者与 MCN 机构都是以签约模式展开合作的，MCN 机构的发展不是很平衡，部分阻碍了网络红人的发展，它在未来的发展趋势主要分为两种，具体如图 5-20 所示。

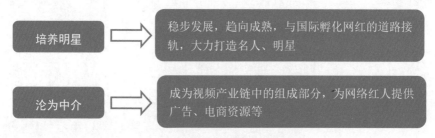

图 5-20　MCN 机构的发展趋势

MCN 模式的机构化运营对于短视频账号运营者来说是十分有利的，但同时也要注意 MCN 机构的发展趋势，如果不紧跟潮流，就很有可能无法掌握其有利因素，从而难以实现运营的理想效果。

下面我们将推荐 3 家比较不错的 MCN 机构，短视频账号运营者可以通过学习对 MCN 机构有更深层的认识，也可以通过了解来选择适合自己的 MCN 机构。

➡ 1. 新片场

　　新片场成立于 2012 年，一开始是以构建视频创作者的社区为主，它聚集了 40 多万的加 V 创作者，从这些创作者生产的作品中逐渐孕育出《造物集》《感物》《小情书》等多个栏目，而这些栏目渐渐地也形成了标签化的 IP。图 5-21 所示为新片场官方网站首页。

图 5-21　新片场官方网站首页

　　新片场是国内比较领先的新媒体内容出品发行商，其定位也是多品牌的内容管理平台。短视频账号运营者可以在这里通过公司强大的资金、团队和能力来更好地创作视频，打造出个人品牌。

➡ 2. 火星文化

　　火星文化主要是以直播为主的 MCN 机构，它拥有着一套完整的艺人培训、电商主播培养的孵化流程。图 5-22 所示为火星文化官方网站首页。

图 5-22　火星文化官方网站首页

火星文化发展速度很快，曾在 2018 年、2019 年这两年里连续获得淘宝直播 TOP 机构的称号，是国内比较领先的 MCN 机构。2019 年火星文化还对产品服务进行了业务升级，在自媒体、视频推广等领域里也进行不断拓展。

随着火星文化的内容完善，再加上短视频平台直播行业的迅速发展，短视频账号运营者可以通过火星文化更好地在短视频平台进行短视频创作和直播。

3. 畅玩文化

畅玩文化是一家综合文化传媒公司，致力于成为国内领先的数字娱乐内容运营商，它通过能力、资源、资本联动打造国内领先的泛娱乐数字内容发行平台。图 5-23 所示为畅玩文化官方网站首页。

图 5-23　畅玩文化官方网站首页

现在畅玩文化旗下拥有音乐、舞蹈、游戏、文教、二次元、电商等垂直领域内容矩阵，平台粉丝累计超过 7 亿。截至 2020 年 7 月，在抖音短视频平台，旗下有两位破千万粉丝的博主。如果想在抖音、快手上进行发展，畅玩文化是个不错的选择。

▶ 054　机构签约细节

虽然 MCN 机构的好处很多，但是短视频账号运营者不应该被好处蒙了眼，是否应该签约 MCN 机构还需慎重考虑。好的 MCN 机构会让短视频账号运营者如虎添翼，而不好的 MCN 机构则会将短视频账号运营者拉入深渊。

当短视频账号运营者决定加入 MCN 机构时，则代表你要专业化地去做这些事，就需要你投入更多的时间和精力。而且 MCN 机构其实也是公司的一种形式，对你的视频创作还是有一定限制性的。

　　短视频账号运营者在签约 MCN 机构的时候一定要擦亮眼睛，仔细看清要求，不然很容易遇到不良公司，下面我们将列举几个主要的签约误区，如图 5-24 所示。

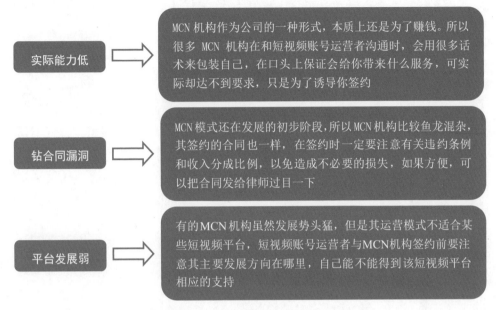

图 5-24　MCN 机构的主要签约误区

第6章

数据运营：
掌握账号的发展情况

学前提示

运营者在进行短视频运营的过程中，要想准确判断和了解运营的效果，就需要依靠数据来进行分析。

基于这一点，本章就从内容评估数据和效果评估数据两个方面来进行解读，以便指导读者更加清晰而准确地感知自己的运营和营销状态，为后续工作做好准备。

▶ 055 　分析热门视频

　　短视频账号运营者在进行短视频运营的过程中，内容既是运营的重心，也是用户熟悉、接受产品和品牌的重要途径。

　　因此，运营者需要对内容进行重点关注，不仅要策划、收集、制作内容，更要对自己的运营内容数据进行评估，以便确定未来内容运营方向。以抖音短视频平台为例，其抖音账号"一条小团团OvO"的视频数据截图如图6-1所示。

图 6-1　抖音账号"一条小团团 OvO"的视频数据截图

　　短视频账号运营者可以通过短视频平台数据分析辅助工具，更好地了解平台内的热门视频。图6-1所示就是通过"飞瓜数据"工具网址来了解抖音账号"一条小团团 OvO"的视频数据。

　　短视频账号运营者在"播主视频"页面点击相应短视频，了解短视频的具体内容，并从众多点赞量高的视频内容中总结各个抖音账号的短视频亮点和优势，从而为自身账号的内容运营提供方法和借鉴。

▶ 056 　短视频推荐量

　　在短视频平台上，推荐量都是一个非常重要的数据，能在很大程度上影响视频的播放量。当然，推荐量这一数据与短视频质量紧密关联。质量好，契合平台推荐机制，那么当天发布的视频的推荐量就多；质量差，不符合平台推荐机制，那么当天发布的视频的推荐量就少。

那么，推荐量究竟是什么呢？推荐量就是平台系统得出的一个关于发布的视频会推荐给多少用户来阅读的数据。

这一数据并不是凭空产生的，而是系统通过诸多方面的考虑和评估而给出的，而影响推荐量的主要因素有该账号在最近一段时间内发布视频的情况、短视频内容本身的用户关注热度等。以西瓜视频平台为例，运营者可以通过西瓜短视频助手来查看短视频的推荐量，如图6-2所示。

星空摄影：贴着天空呼吸，静候星辰流转

推荐 4,461 · 播放 64 · 点赞 9 · 评论 1 · 收藏 0 · 分享 0

已发表　已投广告

2020-04-22 10:00

图6-2　"手机摄影构图大全"部分短视频的推荐量展示

▶ 057　短视频播放量

在平台的数据分析中，有多个与播放量相关的数据，即具体视频的播放量、昨日播放量、昨日粉丝播放量、累计播放量等。以西瓜视频平台为例，运营者可以在"内容管理"页面的推荐量旁查看具体视频的播放量。

短视频播放量表示有多少用户在该平台上观看了这一个短视频内容。而其他3项播放量，运营者可以在头条号后台"西瓜视频"的"数据分析"页面的"昨日关键数据"区域中查看，如图6-3所示。

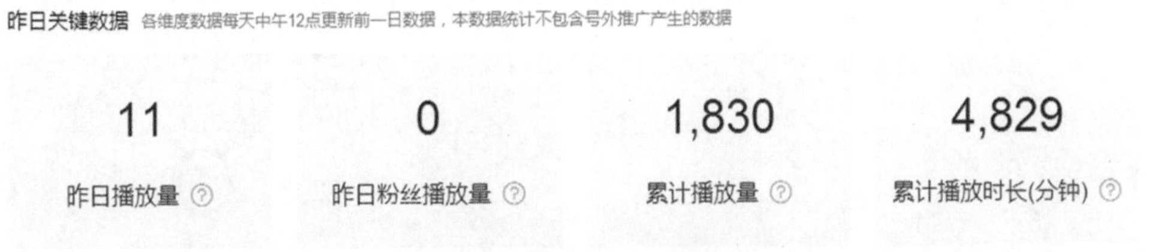

昨日关键数据　各维度数据每天中午12点更新前一日数据，本数据统计不包含号外推广产生的数据

11	0	1,830	4,829
昨日播放量 ⑦	昨日粉丝播放量 ⑦	累计播放量 ⑦	累计播放时长(分钟) ⑦

图6-3　昨日关键数据

其中，"昨日播放量"指的是昨日有多少用户观看了该视频。而"昨日粉丝播放量"指的是有多少已成为自身账号粉丝的用户在昨日观看了该视频。

当然，"昨日播放量"和"昨日粉丝播放量"在平台是每天都有记录的，这样就构成了"数据趋势图"中的"播放量"和"粉丝播放量"数据。其中，运营者可以查看7天内的数据，如图6-4所示。

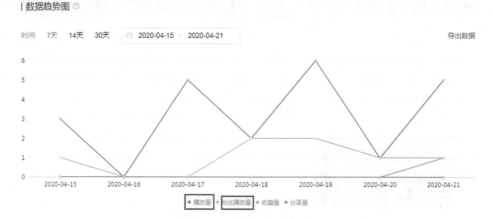

图 6-4　"数据趋势图"中的"播放量"和"粉丝播放量"

由图 6-4 可知某短视频账号 7 天内的播放量数据趋势，下面我们来具体分析一下。从数据趋势图可以明显看出，该短视频账号运营者的播放量增量遭遇了一次大的波谷，我们可以大胆推测该短视频账号运营者可能这段时间没有更新视频，或者该短视频账号运营者发布的视频难以吸引用户的兴趣。图 6-5 所示为折线趋势的波谷。

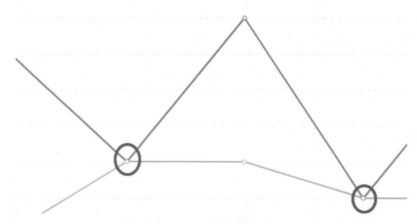

图 6-5　折线趋势的波谷

我们再来仔细看一下数据趋势图，可以从图 6-5 中明显看到该短视频账号的播放量增量也出现了几次波峰。

因此，我们可以大胆推测，该短视频账号的视频可能"踩中"了热门词汇，或者说短视频账号的视频引发了用户的兴趣。图 6-6 所示为折线趋势的波峰。

此外，短视频账号运营者可以连接某段时间内起始点和终点为线段，通过这条播放量增量线段，就可以明显地看出该段时间内的视频播放量增量走势。

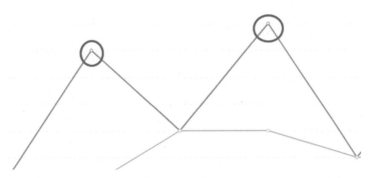

图 6-6　折线趋势的波峰

　　通过视频的整体数据趋势图，我们可以看到自己投稿的所有视频数据变化情况。如果数据是呈上升趋势，就要好好总结这个月的经验和方法，是在哪方面获得了观众的喜爱，并一直坚持做下去。

　　如果数据是朝着降低发展的，就要仔细考虑近期的视频主题是否让目标用户感觉厌烦了，内容是否需要重新进行调整。

▶ 058　关注播放进度

　　在头条号后台的"西瓜视频"的"数据分析"页面，运营者可以看到该页面是由 3 个大的区域组成的，即"昨日关键数据""每日创作者视频总计数据明细表"和"每日发布视频实时统计数据明细表"。

　　如果运营者要查看某一视频的平均播放进度和跳出率，可以在"每日发布视频实时统计数据明细表"中，选择一个视频，进入该视频的"视频分析"页面进行查看。其中，"平均播放进度"指的是所有观看用户对该视频的平均播放完成度，"跳出率"指的是所有观看用户中播放时长小于 3s 的用户占比。

　　在运营过程中，这两个数据的高低会影响初始推荐量外的推荐量。因为视频的播放进度占比过低、跳出率过高，就说明更多的用户受标题和封面的吸引而点击播放了，但是由于视频内容与预期不符甚至相差较大，而感到失望，从而放弃了继续观看。

▶ 059　关注播放时长

　　时长包括"累计播放时长""每日播放时长"，以及具体视频的"播放时长"与"平均播放时长"。

其中，"累计播放时长"和"每日播放时长"都是相对于平台发表的所有视频来说的，它们分别表示的是在该平台上用户一共花费了多少时间来观看该账号发布的所有视频、每一天具体花费了多长时间来观看该账号发布的所有视频。

而这两个数据，又是建立在具体的视频内容基础之上的。只要运营者每天发布一些优质的视频内容，那么何愁播放时长不长呢？具体视频的"播放时长"与"平均播放时长"，是运营者需要重点分析的，且这两个数据是有关系的，即平均播放时长＝播放时长／播放量。

"平均播放时长"即所有观看用户平均观看该视频的时长。把"平均播放时长"和上面一小节中的"平均播放进度"放在一起来进行分析，可以帮助运营者了解视频内容的吸引力，加强对内容节奏的把握。

了解用户一般会在什么时间离开，离开时附近大概都是些什么内容。了解视频内容中该时间附近有哪些内容是让用户离开的关键所在。

▶ 060　短视频点赞量

在抖音短视频平台中，用户可以查看的点赞量有两个，即抖音账号的点赞量和具体短视频的点赞量。其中，抖音账号的点赞量，运营者可以在抖音账号主页查看，而具体短视频的点赞量，会显示在短视频的播放页面，如图6-7所示。

图6-7　抖音账号点赞数

对用户来说，只要短视频内容中存在他（她）认可的点，就会发生点赞行为。用户会因为短视频中所包含的正能量而点赞，也会因为其中所表露出来的某种情怀而点赞，还会因为主播某方面出色的技能而点赞。

不过，无论是抖音账号的点赞量还是具体短视频的点赞量，不同的账号、不同的内容，其点赞量的差别很大，可以上达数百万、数千万，少的甚至有可能为0。对于短视频账号的点赞量而言，当然是越多越好。但是在评估短视频账号的运营内容时，还需要把总的点赞量和具体内容的点赞量结合起来衡量。

其原因就在于某一短视频账号的点赞量可能完全是由某一个或两个短视频撑起来的，其他短视频内容的点赞量平平。此时运营者就需要仔细分析点赞量高的那些短视频内容到底有哪些方面是值得借鉴的，并按照所获得的经验一步步学习、完善，力求持续打造优质短视频内容，提升抖音账号整体的运营内容价值。

▶ 061　短视频互动量

如果运营者想了解更多的互动信息，可以查看视频的具体评论，以便对内容进行更详细的评估。运营者可以在"西瓜视频"模块下的"评论管理"页面查看"最新评论"和"视频评论"。其中，"最新评论"显示的是最近的评论。而"视频评论"可以显示所有发表的视频内容的相关评论。

因此，运营者可以在"视频评论"页面，选择具体的视频，然后查看其评论内容。图6-8所示为"手机摄影构图大全"头条号发表的一则视频的评论内容。

图6-8　"手机摄影构图大全"头条号发表的一则视频的评论内容

▶ 062　收藏和转发量

长尾效应（Long Tail Effect），指的是在数据正态曲线分布图中，大多数的需求集中在其头部，而个性化的需求体现在其尾部。当短视频运营者在分析数据的时候，可以适当利用长尾效应，平衡用户的大多数需求和个性化需求。

在头条号后台"西瓜视频"的"数据分析"页面，"每日创作者视频总计数据明细表"和"每日发布视频实时统计数据明细表"中，除了"播放量"和"播放时长（分钟）"外，二者共有的数据还有"收藏量"和"转发量"。

可见，在对视频内容进行评估时，"收藏量"和"转发量"都是关键数据，它们都是用来衡量短视频内容价值的。

1. 收藏量

收藏量，表示的是用户在观看了视频之后，有多少用户想要将视频内容进行收藏，以备后续观看。这一数据代表了用户对内容价值的肯定。在具体视频"视频分析"页面的"文章详情"柱形图中还可以显示"收藏量"，运营者把鼠标指针移至"收藏量"区域上方，会显示具体数据，如图 6-9 所示。

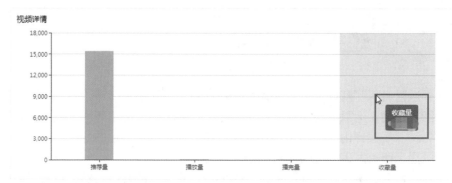

图 6-9 "视频分析"页面的"文章详情"柱形图中的"收藏量"

试问，如果用户觉得视频内容没有价值，那他（她）还会耗费终端有限的存储器来收藏一个毫无价值和意义的视频吗？答案当然是否定的。可见，只有当视频内容对用户来说有价值，他们才会毫不犹豫地选择收藏。

对运营者来说，如果想提高收藏量，首先就要提升视频内容的推荐量和播放量，并确保短视频内容有实用价值。只有高的推荐量和播放量，才能在大的用户基数上实现收藏量大的提升；只有视频内容有实用价值，如能提升用户自身技能、能用在生活中的某一方面等，才能让用户愿意收藏。

2. 转发量

与收藏量一样，转发量也是可以用来衡量视频内容价值的。它表示的是有多少用户在观看了视频之后，觉得它值得分享给别人。

一般来说，用户把观看过的短视频转发给别人，主要基于两种心理。一种是认为短视频内容是别人需要的，另一种是认为短视频内容能体现自己所坚持的观点和理念。同是用来衡量短视频内容价值，转发量与收藏量还是存在差异的，转发量更多的是基于内容价值的普适性而产生转发行为。

从这一点出发，运营者要想提高转发量这一内容评估数量，就应该从 3 个方面着手打造短视频内容，提升内容价值，如图 6-10 所示。

图 6-10 提升转发量的短视频内容打造

▶ 063 关注评论词云

通过抖音账号的评论词云展示图，运营者可以直观、清晰地知道某一抖音账号在用户心中的印象。图 6-11 所示为抖音短视频平台美妆类目"李佳琦 Austin"的评论词云展示图。

图 6-11 "李佳琦 Austin"抖音账号评论词云

由以上评论词云展示图可知，其中最突出的用户评论内容是"口红"。除此之外，还有"好看""OMG""魔鬼""推荐""佳琦"等大小稍次一点的评论词。

其中，"口红"指的是化妆里面很重要的彩妆类目；"佳琦"则是抖音账号名称，也是博主自己的姓名；"OMG"是博主在短视频中的口头禅；"魔鬼"则是粉丝对"李佳琦"的爱称。而其评论词也恰好体现了"李佳琦 Austin"抖音账号的账号介绍和定位，即"佳琦 + 推荐 + 好看 + 口红"。

在"西瓜短视频助手"后台的"评论词云"中，运营者只要点击左侧中相应的评论词或在右侧上方的搜索框中输入关键词，右侧搜索框下方即会显示与该评论词相关的评论内容。

▶ 064 播放完成进度

"播放完成度"与"平均播放进度"联系紧密，前面已经说过，"平均播放进度"就是所有观看用户对该视频的平均播放完成度，它是各个区间播放完成度的平均值。

在头条号后台具体视频的"视频分析"页面中，有一个统计了某一视频各区间的完成度占比饼图。把鼠标指针移至某一色块上，就会显示该色块所代表的完成度区间的用户数和占比。图 6-12 所示为"手机摄影构图大全"头条号发表的一则视频的播放完成度分析饼图。

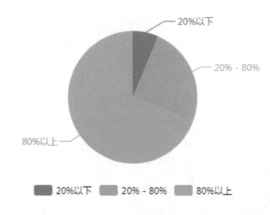

图 6-12　"手机摄影构图大全"头条号发表的一则视频的播放完成度分析饼图

在播放完成度分析饼图中，完成度越高的区间所代表的色块面积越大，在整个饼图中占比越多，就表示该视频内容还是符合用户预期的，是值得一看的。

在如图 6-12 所示的视频内容播放完成度中，完成度达 80% 以上的用户最多，完成度在 20% 以下的用户最少，表示受标题和封面图片吸引而点击播放该视频的用户，大多数都观看了视频内容或者直到视频接近末尾时才选择退出。

▶ 065 用户画像数据

面对短视频的营销推广风口，运营者想要在竞争中获得胜利，就必须了解自己受众群体的数据，进行用户画像的精准分析。

用户画像包括用户的性别、年龄、职业和地域等方面，运营者需要对这些方面进行全面了解，才可以为这场竞争打好营销基础。

➔ 1. 用户性别比例

行业不同、短视频内容不同，那么，该短视频账号用户的性别属性也会存在一定的相同点和不同点。而运营者要做的是，从这些共性的性别属性中，确定自身要运营的短视频平台账号的目标用户群体的性别属性。图6-13所示为"李佳琦Austin"抖音账号的用户性别分布。

图6-13　"李佳琦Austin"抖音账号的用户性别分布

由图6-13可知，"李佳琦Austin"这个与美妆相关的抖音账号的用户性别分布中，女性用户占比远远多于男性用户占比。基于此，运营者可能要基于账号的用户性别分布情况，制定不同的内容运营策略，增加更多适合女性用户的美妆内容。

➔ 2. 用户年龄分布

将鼠标指针移至占比最大的年龄段色块上，可显示该年龄段的用户占比数据。图6-14所示为"李佳琦Austin"抖音账号的用户年龄分布。

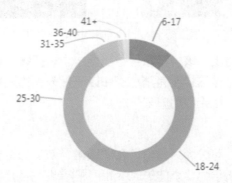

图6-14　"李佳琦Austin"抖音账号的用户年龄分布

由图6-14可知，"李佳琦Austin"这个与美妆相关的抖音账号的用户年龄分布中，占比最多的是18～24这一年龄段内的用户，几乎在一半左右，其次是25～30这一年龄段内的用户。

然而无论是18～25这一年龄段，还是25～30这一年龄段，都表明这个抖音账号的用户年龄大多偏向年轻群体。运营者可以根据用户的年龄情况，来推荐相应的美妆内容。

3. 用户职业属性

官方数据显示，在职业方面抖音用户主要是白领和自由职业者。而这样的一群人，是有着鲜明特征的一群人，他们追求个性和自我，且容易跟风，追求流行时尚。因此，他们对于能更加展现自我美的一面和如何改造自己有着莫大的需求。

从这一基于用户属性的特征和需求出发，在平台上发布符合他们需求的优质短视频内容，必然是受欢迎的。图 6-15 所示为"型男穿搭社"抖音账号的部分短视频内容展示。

图 6-15　"型男穿搭社"抖音账号的部分短视频内容展示

由图 6-15 可以看出，该抖音账号中随便一个短视频，其点赞量都有好几千，有的甚至高达几十万。像这样没有蹭热点和以干货为主的短视频，单单以它吸引人的短视频内容，就足以让无数用户去关注。

4. 用户地域分布

在地域分布图中，可分为"省份"和"城市"两类分布数据情况，运营者可以逐一查看。图 6-16 所示为"李佳琦 Austin"抖音账号的用户地域分布。

由图 6-16 可知，"李佳琦 Austin"这个与美妆相关的抖音账号的用户地域分布中，"省份"分布图显示占比最多的是广东省，其分布占比为 11.36%，远多于其他的省份。运营者可以基于用户的省份城市占比，来大致判断用户的消费能力。一般来说，一线城市的用户消费能力最高，运营者在创作短视频时，可以适当推荐一些价格较高的化妆品。

地域分布 省份 | 城市

名称	占比
广东	11.36%
江苏	8.06%
浙江	6.43%
山东	6.04%
河南	5.53%
四川	5.40%
安徽	4.05%
湖南	4.02%
河北	3.88%
辽宁	3.68%

图 6-16 "李佳琦 Austin"抖音账号用户地域分布

第7章

引流运营：
轻松获取更多观看量

学前提示

　　对于短视频账号运营者来说，想要获取可观收益，关键在于获得足够的流量。那么如何实现快速引流呢？

　　本章我们将从引流的基本技巧、平台内和平台外的引流方式来实现用户的聚合，帮助大家快速聚集大量用户，实现品牌和产品的高效传播。

要点展示

- ▶ 首页推荐引流
- ▶ 话题活动引流
- ▶ 评论活跃引流
- ▶ 合作互动引流
- ▶ 官方认证引流
- ▶ 直播形式引流

- ▶ 微博平台引流
- ▶ 微信平台引流
- ▶ QQ 平台引流
- ▶ 资讯平台引流
- ▶ 音乐平台引流

▶ 066 首页推荐引流

短视频账号运营者应该都知道，短视频如果能被平台推荐到首页，也就代表着该短视频能拥有更多的流量和曝光。如果视频内容比较优质，还能快速为自己的短视频账号积累到粉丝。那么我们该怎么做才可以让自己的短视频被推荐到首页呢？

短视频平台会对短视频的观看、点赞、评论和转发等数据进行分析。因为这些数据反映了用户对短视频的偏好，也反映了该短视频的创作质量。下面我们将对这几个营销短视频上首页推荐的条件来具体分析，如图 7-1 所示。

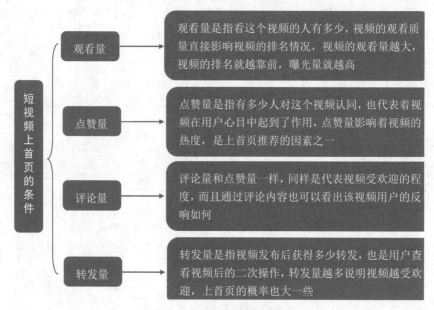

图 7-1　短视频上首页的条件

除此之外，用户在视频浏览过程中的播放时长占比，也会成为短视频平台对视频进行质量判断的标准之一，具体分析如图 7-2 所示。

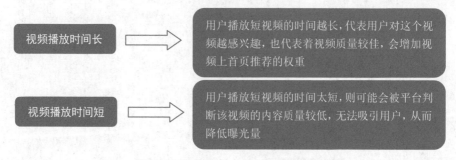

图 7-2　播放时长占比对视频的影响

短视频账号运营者要用以不变应万变的心态去创作视频，积极主动地提升自己的视频质量。当你的视频内容能牢牢抓住用户眼球的时候，视频自然而然就会收获用户的喜爱，轻轻松松获得短视频的首页推荐。

▶ 067 话题活动引流

除了可以首页推荐引流，短视频账号运营者在推广内容时还可以采用话题活动引流的方式，来获得更多的关注度和更大的影响力。任何内容的运营推广，都需要两个基础条件，即足够多的粉丝数量和与粉丝之间拥有较为紧密的关系。

短视频账号运营者只要紧紧地扣住这两点，通过各种话题活动为自己造势，增加自己的曝光度，就能获得很多粉丝。为了与这些粉丝保持紧密关系，短视频账号运营者可以参与短视频平台官方的各种活动来创作短视频，从而为自己的账号造势，增加其曝光度来收获粉丝。

例如，抖音短视频平台会定期推出一些话题活动，通过"抖音小助手"私信发给用户。短视频账号运营者可以积极参与拍摄短视频，如果在活动中表现突出，不仅可以获得抖音短视频平台官方的礼品或奖励，还有机会登上活动首页，为自己引流，如图 7-3 所示。

图 7-3　抖音短视频平台的定期活动

又例如，快手短视频平台也会定期推出一些官方活动，用户通过"大家都在看"就可以查看其活动。和抖音短视频平台一样，活动引流能够让平台给短视频账号带来更多的曝光，从而让你的短视频能被更多人看见，如图 7-4 所示。

图 7-4 快手短视频平台的定期活动

除此之外，短视频账号运营者可以在活动视频的评论区为自己的作品拉票，这样也相当于给自己引流吸粉。

▶ 068 评论活跃引流

短视频账号运营者在运营账号时一定要保持更新，当你发布了短视频后，还要记得在评论区回复用户的留言，如图 7-5 所示。

图 7-5 评论回复增粉案例

短视频账号运营者只有不断生产出优质内容，做好与粉丝的互动，才可以累积更多的粉丝，增加与粉丝之间的亲密度。

除此之外，在短视频账号运营者没有发布短视频的时候，也可以在其他人的热门短视频中进行评论，这样一来不仅可以让更多的人知道你的存在，也会给你带去一定的流量，如图 7-6 所示。

图 7-6　保持高活跃度案例

如图 7-6 所示案例的博主粉丝数已经达到 2000 多万，获赞 3.1 亿，但是他还是会在抖音推荐的热门视频中进行活跃引流。如果你不保持高活跃度的话，一方面很难保持账号的权重，另一方面也非常容易掉粉。

▶ 069　合作互动引流

合作互动引流的形式主要有两个方面，一方面是短视频账号运营者相互之间达成协议，并不采用合作拍摄短视频的形式，而是在短视频账号里用账号关注、互动评论、短视频口播等方式进行另外一个账号的推荐，让该短视频账号的粉丝认识到另外一个短视频账号。

另一方面是将两个或者两个以上的短视频账号进行组合，共同制作短视频进行营销。例如，有些短视频账号之间会以朋友的身份一起录制合作视频，用户可以通过合作短视频，从一个原本关注的短视频账号认识到另一个短视频账号。图 7-7 所示为几个短视频账号共同合作的短视频。

图 7-7　几个短视频账号共同合作的短视频

▶ 070　官方认证引流

官方认证引流是指短视频账号通过在平台认证加 V，来增加账号的身份属性，以此来获取其他用户的认可。这是一个非常快速有效的增粉方式。图 7-8 所示为部分短视频平台的认证类型。

图 7-8　部分短视频平台的认证类型

当用户认证加Ｖ了之后，短视频平台的官方在平台流量分配上面会有一定的流量倾斜，发布的短视频内容也会获得优先推荐权，可以增加上热门的概率，同时其他用户看到明显的认证标识后也会对认证用户增加信任，从而增加粉丝量。

就单单从短视频平台的搜索界面来说，加Ｖ认证的曝光度明显就比没有认证的曝光度要高。一般在搜索的时候，你会发现同样的关键词，相关用户排在前面的账号大多是加Ｖ认证的，如图7-9所示。

图7-9　部分短视频平台搜索"美食"的相关结果

而从好友列表来说，加了Ｖ的短视频账号更利于用户一眼就可以看到，增强账号的辨识度。

另外，加Ｖ认证的短视频账号更加容易获得广告主的青睐和认可，获得更好的经济收益，特别是那种拥有很多粉丝的短视频账号，认证之后可以更加快速涨粉和实现商业变现。

▶ 071 直播形式引流

现在越来越多的短视频平台开通了直播功能，那短视频账号运营者开通直播功能有什么作用？首要目的毫无疑问是获取用户，如果没有用户，就谈不上运营。短视频账号运营者开通直播功能可以让账号增加用户，从而为视频账号引流。

下面我们将具体分析短视频账号运营者开通直播功能后，该如何为短视频账号进行引流，有哪些准备工作和注意事项。

1. 直播准备工作

在运营直播的过程中，一定要注意直播内容规范要求，切不可逾越雷池，以免辛苦经营的短视频账号被封。另外，在打造直播内容、产品或相关服务时，短视频账号运营者首先要切记遵守相关法律法规，只有合法的内容才能得到认可，才可以在互联网中快速传播。

了解完注意事项后，短视频账号运营者就可以开始直播的准备工作了，主要有以下 3 个方面内容。

1）建立更专业的直播室

首先要建立一个专业的直播空间，直播室要有良好稳定的网络环境，保证直播时不会掉线和卡顿，影响用户的观看体验。如果是在室外直播，建议选择无限流量的网络套餐。

购买一套好的电容麦克风设备，给用户带来更好的音质效果，同时也将自己的真实声音展现给他们。购买一个好的手机外置摄像头，让直播效果更加清晰，给用户留下更好的外在形象，当然也可以通过美颜等效果来给自己的颜值加分。

其他设备还包括需要准备桌面支架、三脚架、补光灯、手机直播声卡以及高保真耳机等。例如，直播补光灯可以根据不同的场景调整画面亮度，具有美颜、亮肤等作用。手机直播声卡可以高保真收音，无论是高音或低音都可以还原更真实，让你的歌声更加出众。

直播的环境不仅要干净整洁，而且也需要符合自己的内容定位，给观众带来好的直观印象。例如，以卖货为主的直播环境中，可以在背景里挂一些商品样品，商品的摆设要整齐，房间的灯光要明亮，从而突出产品的品质。

2）设置一个吸睛的封面

直播的封面图片设置得好，能够为各位短视频账号运营者吸引更多的粉丝观看。目前大部分直播平台上的封面都是以主播的个人形象照片为主，背景以场景图居多，直播封面没有固定的尺寸，不宜过大也不要太小，只要是正方形等比都可以，但画面要做到清晰美观。

3）选择合适的直播内容

目前，短视频平台直播的内容主要以音乐为主，不过也有其他类型的直播内容在进入，如美妆、美食、"卖萌"以及一些生活场景直播等。从直播内容来看，都是根据短视频社区文化衍生出来的，而且也比较符合短视频产品的气质。

在直播内容创业中，以音乐为切入点可以更快地吸引粉丝关注，在更好地传播好音乐内容的同时，也可以让主播与粉丝同时享受到近距离接触的快感。

2. 直播吸粉技巧

直播借着短视频平台又再次回到了人们的视野，用户只需要一台手机即可直播，但直播的竞争非常残酷，因此主播需要掌握吸粉引流的技巧，让自己"火"起来。

1）内容垂直

根据自己的定位来策划垂直领域的内容，在直播前可以先策划一个大纲出来，然后再围绕这个大纲来细化具体的直播过程，并准备好相关的道具、歌曲和剧本等。

在直播过程中，还需要关注粉丝的动态，有人进来时，记得打招呼，有人提问时，记得回复一下。

2）人设清晰

精准的定位可以形成个性化的人设，有利于打造一个细分领域的专业形象，下面介绍一些热门的直播定位类型供参考，如图7-10所示。

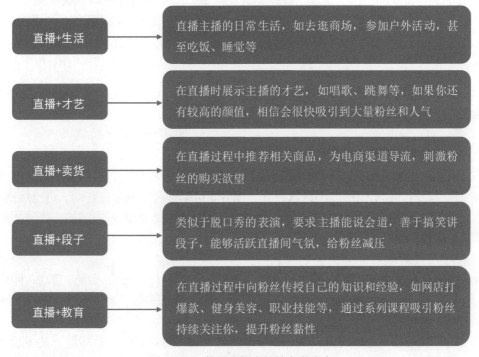

图7-10　热门直播定位的参考方向

3）准时开播

直播的时间最好能够固定好，因为很多粉丝都是利用闲暇时间来看直播的，你的直播时间一定要跟他们的空闲时间对得上，这样他们才有时间看你的直播。

因此，主播最好是要找到粉丝活跃度最大的时间段，然后每天定时定点直播。主播还可以在个人简介里备注自己的直播时间，让粉丝能更精准地等候开播。

4）聊天话题

短视频账号运营者可以制造热议话题来为自己的直播间快速积攒人气，"话痨好过哑巴"，但话题内容一定要健康、积极、向上，要符合法律法规和平台规则。当然，主播在与粉丝聊天互动时，还需要掌握一些聊天的技巧，如图7-11所示。

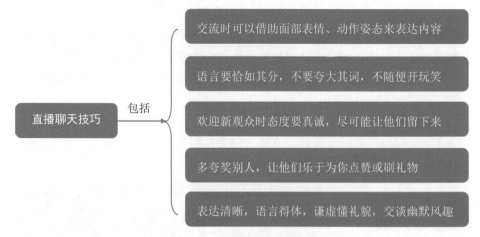

图 7-11　直播聊天的技巧

在直播过程中，不仅要用高质量的内容吸引观众，而且要随时引导这些进来的观众关注你的账号，成为你的粉丝。

5）抱团吸粉

你可以多和一些内容定位相近的主播搞好关系，成为朋友，这样可以相互推广，互相照顾。当大家都有一定粉丝基础后，主播还可以带领自己的粉丝去朋友的直播间相互"查房"，不仅可以活跃直播间氛围，而且能够很好地留住粉丝，进行互动。

"查房"是直播平台中的一种常用引流手段，主要是依靠大主播的人气流量来带动不知名的小主播，形成一个良好的循环，促进粉丝消费。

6）互动活动

如果你在直播时，观众都比较冷淡，此时也可以另外找一个人跟你互动，两个人一起来提升直播间的热闹氛围，不至于因没有话题而面临尴尬。另外，主播也可以选择一些老观众与他们互动，主动跟他们聊天，最大限度地提升粉丝黏性。

除了聊天外，主播还可以做一些互动活动，如带粉丝唱歌，教粉丝一些生活技巧，带粉丝一起打游戏，在户外做一些有益的活动，或者举行一些抽奖活动。这些小的互动活动都可以提升粉丝的活跃度，同时还能吸引更多"路人"的关注。

7）营销自己

短视频平台通常会给中小主播分配一些地域流量，如首页推荐或者其他分页的顶部推荐，让你可以处于一个较好的引流位置，此时主播一定要抓住一切机会来推广自己、营销自己。

8）维护粉丝

当你通过直播积累一定的粉丝量后，一定要做好粉丝的沉淀，与粉丝经常进行交流沟通，表现出你对他们的重视，最后将他们导流到短视频账号的粉丝中。平时不直播的时候，也可以多给粉丝送送福利、发发红包或者优惠券等，最大化用户存留，挖掘粉丝经济，实现多次营销。

直播引流的技巧可以总结为3点：内容＋互动＋福利，内容展现价值，互动增进感情，福利触发交易。

▶ 072 微博平台引流

微博是国内比较大的实时信息分享平台，很多短视频账号运营者也会在微博上进行引流。在微博平台上，短视频账号运营者主要是依靠微博的两大功能来实现其推广目标，即"@"功能和热门话题。

首先，在进行微博推广的过程中，"@"这个功能非常重要。在博文里可以"@"明星、媒体、企业等，若影响力大的人对博文进行点赞、评论和转发，那么该短视频会得到很大的曝光度。图7-12所示为因明星评论而受到关注的短视频。

转发 2.5万　　**评论 1.7万**　　　　　　赞 20.9万

为什么没有萌萌子，是因为站的不够高么！

：萌萌子第一期就有呀 微博正文 这一期没有是怕耽误姐姐练海豚音

回复@尼塔库G1:哈哈哈哈哈哈哈你真是活学活用

共494条回复

第4473楼 7-3 20:00　　　　　1.8万

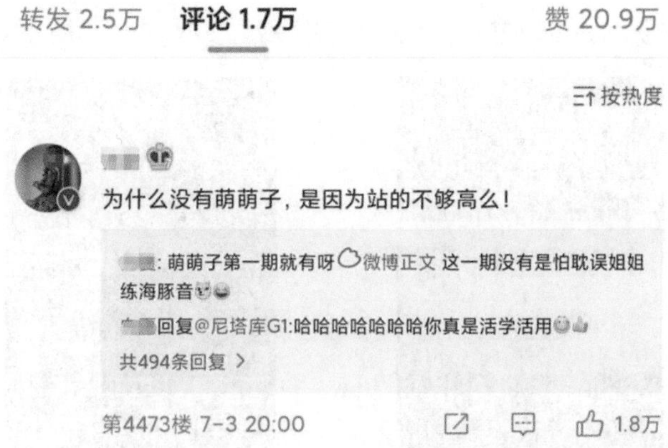

图7-12　因明星评论而受到关注的短视频

其次，微博"热门话题"是一个制造热点信息的地方，也是聚集网民数量最多的地方。短视频账号运营者要利用好这些话题，推广自己的短视频，发表自己的看法和感想，提高阅读和浏览量。

▶ 073 微信平台引流

朋友圈这一平台，对于短视频账号运营者来说，它虽然传播的范围比较小，但是从对接收者的影响程度来说，却有着其他平台无法比拟的优势，如图7-13所示。

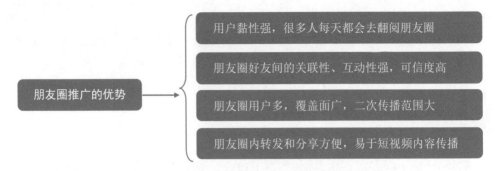

用户黏性强，很多人每天都会去翻阅朋友圈

朋友圈好友间的关联性、互动性强，可信度高

朋友圈推广的优势

朋友圈用户多，覆盖面广，二次传播范围大

朋友圈内转发和分享方便，易于短视频内容传播

图 7-13　利用朋友圈推广短视频的优势分析

那么，在朋友圈中进行短视频推广时，短视频账号运营者应该注意什么呢？一般来说，有 3 个方面是需要重点关注的，具体分析如下。

1）画面的美观度

朋友圈只能发布 15 秒内的视频，所以发布时我们还需要对其进行剪辑，尽可能选择精华内容。如果想发布更长时间的视频，可以先在"微视"软件发布视频，然后同步到朋友圈，短视频时间最长支持 30 秒，如图 7-14 所示。

图 7-14　通过"微视"软件发送 30 秒的短视频

因为推送到朋友圈的视频是不能自主设置封面的，它显示的就是开始拍摄时的画面，所以短视频账号运营者要注意视频开始画面的设置，以美观的视频封面来吸引朋友圈用户来观看。

2）做好文字描述

一般来说，呈现在朋友圈中的短视频，好友看到的第一眼就是视频的封面，没有太多信息能让受众了解该视频内容，因此在短视频的文本描述里，要把重要的信息放上去，如图 7-15 所示。

图 7-15　做好重要信息的文字表述

　　这样的设置，一来有助于大家了解短视频，二来设置得好，可以吸引大家点击播放。短视频账号运营者如果想要让好友一眼就明白视频的主题，可以通过添加字幕的方式在视频开始播放位置进行设置。

　　3）利用朋友圈评论功能

　　朋友圈中的文本如果字数太多，是会被折叠起来的，为了完整展示信息，短视频账号运营者可以将重要信息放在评论里进行展示，这样就会让浏览朋友圈的人看到推送的有效文本信息，如图 7-16 所示。

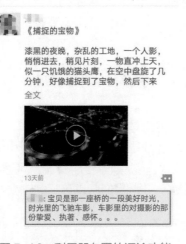

图 7-16　利用朋友圈的评论功能

　　除此之外，短视频账号运营者如果想通过长期的内容积累来构建自己的品牌，那么微信公众号是一个理想的传播平台。通过微信公众号来推广短视频，除了对品牌形象的构建有较大促进作用外，它还有一个非常重要的优势，那就是内容形式的多样性，如图 7-17 所示。

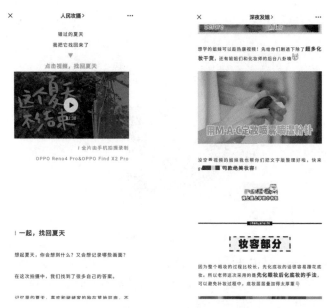

图 7-17　微信公众号推广短视频案例

短视频账号运营者用微信公众号来推广短视频，可以让短视频内容的呈现形式更丰富，以图文的方式让用户更加了解短视频要传达的内容。

而且在进行短视频推广时，也并不局限于某一个短视频的推广，如果短视频账号运营者打造的是有着相同主题的短视频系列，还可以把短视频组合在一篇文章里联合推广，这样更能有助于受众了解短视频及其推广主题。

▶ 074　QQ 平台引流

QQ 作为国内最早的网络通信工具，在这些年内积累了庞大的产品用户和资源优势。因此，QQ 平台是短视频账号运营者必须巩固引流的主阵地之一。

在 QQ 平台上，要想进行短视频账号的引流，可通过多种途径来实现，如 QQ 资料、QQ 空间、QQ 群等。下面我们就以这三种主要途径来进行具体介绍。

1. QQ 资料

QQ 资料主要包括 QQ 头像、QQ 昵称和 QQ 个性签名。QQ 头像和昵称是 QQ 的首要流量入口，短视频账号运营者可以将其设置为短视频账号的头像和昵称，增加短视频账号的曝光率。还可以编辑修改 QQ 个性签名的内容，在其中引导 QQ 好友关注短视频账号，如图 7-18 所示。

周末出游不知道吃什么？丫丫带你周末吃遍长沙，快去我的B站观看视频攻略吧，QQ网名与B站同名。

今天 09:29

图 7-18　某 UP 主的 QQ 个性签名更新

2. QQ 空间

QQ 空间是短视频运营者可以充分利用起来的一个好地方。不过短视频账号运营者在此引流时要注意将 QQ 空间权限设置为所有人都可访问，如果不想有垃圾评论，也可以开启评论审核。下面我们将为短视频运营者介绍 7 种比较常见的 QQ 空间推广引流方法，如图 7-19 所示。

QQ空间推广短视频	QQ 空间小视频推广	利用"小视频"功能发布短视频，好友可以点击查看
	QQ 认证空间推广	订阅与产品相关的人气认证空间，更新动态时马上评论
	QQ 空间生日栏推广	通过"好友生日"栏提醒好友，引导好友查看你的动态
	QQ 空间日志推广	在日志中放入短视频账号相关资料，吸引受众的关注度
	QQ 空间说说推广	QQ 签名同步更新至说说上，用一句话激起受众的关注
	QQ 空间相册推广	很多人加 QQ 会查看相册，所以相册也是一个引流工具
	QQ 空间分享推广	利用分享功能分享短视频信息，好友点击标题即可查看

图 7-19　7 种常见的 QQ 空间推广引流方法

3. QQ 群

QQ 群内的用户都是基于一定目标、兴趣而聚集在一起的，因此，如果短视频账号运营者推广的是专业类的视频内容，那么可以选择这一类平台。

目前 QQ 群分出了许多热门分类，短视频账号运营者可以加入一些与自己账号内容相关的 QQ 群，通过与群友的互动，让他们对你产生信任感，此时再发布短视频作品来进行引流就会水到渠成。利用 QQ 群话题来推广短视频，运营者可以通过相应人群感兴趣的话题来引导 QQ 群用户的注意力。

例如，在摄影群里可以首先提出一个摄影人士普遍感觉比较有难度的摄影场景，引导大家评论，然后短视频账号运营者再适时分享一个能解决这一摄影问题的短视频，QQ 群用户就会选择对该视频进行查看。

如果短视频质量较高，就会让 QQ 群用户想继续了解该账号的其他内容，进而关注该短视频账号。

▶ 075　资讯平台引流

在当前这个信息爆炸化、生活节奏加快化的时代，要想充分利用人们的碎片化时间进行信息的传递，利用资讯平台来推广短视频是一个比较理想的渠道。资讯平台上的短视频，依靠传播快速的特点，可以带动庞大的流量，从而使得推广效果更上一层楼。

本节就以今日头条、一点资讯和百度百家为例介绍如何进行短视频的推广运营，从而最大化占据用户的碎片化时间，轻松获取百万粉丝。

1. 今日头条引流

大家都知道，抖音、西瓜视频和火山小视频这 3 个各有特色的短视频平台共同组成了今日头条的短视频矩阵，同时也汇聚了我国优质的短视频流量。

正是基于这 3 个平台的发展状况，今日头条这一资讯平台也成了推广短视频的重要阵地。图 7-20 所示为今日头条的短视频矩阵介绍。

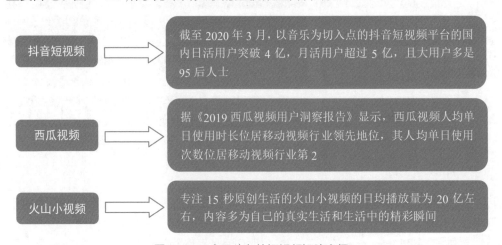

图 7-20　今日头条的短视频矩阵介绍

今日头条作为发展较快的新媒体运营平台之一，其运营推广的效果不可忽视，现在众多短视频账号运营者都在今日头条上来推广引流自己的各类短视频内容。短视频账号运营者要想提升宣传推广效果，应该基于今日头条的特点掌握一定技巧。

今日头条的推荐量是由智能推荐引擎机制决定的，一般含有热点的短视频会优先获得推荐。因此，运营者要寻找平台上的热点和关键词，提高短视频的推荐量，具体如图 7-21 所示。

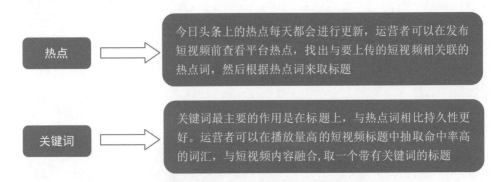

图 7-21　寻找热点和关键词提升短视频推荐量

除此之外，今日头条的短视频发布由机器和人工两者共同把关。通过智能的引擎机制对内容进行关键词搜索审核，其次，平台编辑进行人工审核，确定短视频内容不错才会被推荐。先是机器把短视频推荐给可能感兴趣的用户，如果点击率高，会进一步扩大范围，把短视频推荐给更多相似的用户。

另外，因为短视频内容的初次审核是由机器执行，因此，短视频账号运营者在用热点或关键词时，尽量不要用语意不明的网络或非常规用语，以避免增加机器理解障碍。

2.　一点资讯引流

相较于今日头条，一点资讯平台虽然没有那么多入口供短视频运营者来进行推广，但是该平台上还是提供了上传和发表短视频的途径。不过运营者要注意，它只支持 7～59 秒的竖屏视频上传。

短视频账号运营者发表短视频并审核通过后，会在一点资讯的"视频"页面中显示出来，从而让更多的人看到发表的短视频。

当然，在发表时要注意选准时间，最好是 6:00～8:30 之前、11:30～14:00 和 17:30 以后。因为一点资讯平台的"视频"页面是按更新时间来展示视频的，选择这些时间推广，更容易显示在页面上方。

3.　百度百家引流

百度百家是百度旗下的自媒体平台，短视频账号运营者只要注册了百家号，就可以在上面通过多种形式的内容进行推广，视频内容就是其中之一。图 7-22 所示为百家号的"发布视频"页面。

图 7-22 百家号的"发布视频"页面

在利用百家号进行短视频的推广和引流时，除了一些常规性内容（标题、封面、分类、标签和视频简介等）要注意设置的技巧外，短视频账号运营者还有两个方面需要注意，下面进行具体介绍。

1）"定时发布"功能

在百度百家平台上，短视频账号运营者可以在编辑完内容后，通过单击"定时发布"按钮，在弹出的"定时发文"对话框中设置发布的时间，来发布视频。图 7-23 所示为"定时发文"对话框。

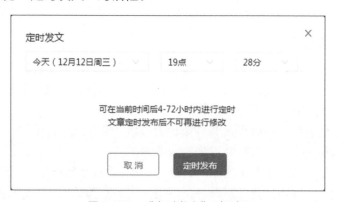

图 7-23 "定时发文"对话框

基于这一功能，短视频账号运营者可以在空闲时间上传并编辑好视频内容，然后针对目标用户群体属性，选择合适的时间实现精准发布。这样就可以大大提升视频的曝光度，促进短视频的推广。

2）热门活动

在百家号后台"首页"的公告区域下方，会经常显示各种热门活动，例如奖励丰厚的"百万年薪"和"千寻奖"，短视频账号运营者完全可以参与进去。如果获奖的话，不仅能增加收益，还能提升短视频账号的知名度，促进短视频的推广。

▶ 076　音乐平台引流

短视频与音乐是分不开的，因此用户还可以借助各种音乐平台来给自己的短视频账号引流，常用的有网易云音乐、虾米音乐和酷狗音乐。

以网易云音乐为例，这是一款专注于发现与分享的音乐产品，依托专业音乐人、DJ（打碟工作者）、好友推荐及社交功能，为用户打造全新的音乐生活。

网易云音乐的受众是一群有一定音乐素养、较高教育水平、较高收入水平的年轻人，这和短视频平台的目标受众重合度非常高，因此成为短视频账号引流的最佳音乐平台之一。用户可以利用网易云音乐的音乐社区和评论功能，对自己的短视频账号进行宣传和推广。

例如，抖音短视频平台原创音乐人"禾金先生"就非常善于利用酷狗音乐进行引流，他在抖音上发布的歌曲包括《伴酒》等都被粉丝广泛使用。

"禾金先生"对酷狗音乐平台中自己歌曲的宣传也做出了很多努力，经常在歌曲评论区和粉丝进行深度互动。图 7-24 所示为"禾金先生"在酷狗音乐评论区与粉丝互动的例子。

感谢大家的聆听，这个是伴奏。人声的明后天应该就有了。质量做的不是很过关，但也能听了。因为更好的音质细节的版本，会很慢。所以提前先把自己混音的一版发上来，后期会更替相对高质量的版本。这个只是个伴奏哈😊

图 7-24　"禾金先生"在酷狗音乐上和网友互动

因此，评论推广是音乐平台引流的有效方法。在抖音上会对使用某首音乐的视频进行排名。而对于抖音运营者来说，使用热门音乐作为视频背景音乐，且让视频排名靠前，也能起到一定的引流作用。

第 8 章

变现运营：
从中收获商业收入

学前提示

　　短视频平台是一个潜力巨大的市场，但它同时也是一个竞争激烈的市场。所以短视频账号运营者要想在短视频平台月入上万，还得掌握一些实用的变现技巧。

　　本章主要从短视频账号的变现运营出发，深度挖掘短视频平台的商业潜力。

要点展示

- ▶ 通过销售变现
- ▶ 通过流量变现
- ▶ 通过产品变现
- ▶ 通过内容变现
- ▶ 通过广告变现
- ▶ 通过实体变现

▶ 077 通过销售变现

对于短视频运营者来说，最直观、有效的盈利方式当属销售商品或服务变现了。借助短视频平台销售产品或服务，只要有销量，就有收入。具体来说，用产品或服务变现主要有以下 6 种形式。

→ 1. 建立自营店铺

快手和抖音最开始的定位是一个方便用户分享美好生活的短视频平台，而随着商品分享、商品橱窗（快手小店）等功能的开通，快手和抖音开始成为一个带有电商属性的平台，并且其商业价值也一直被外界看好。图 8-1 所示为快手和抖音的商品橱窗功能。

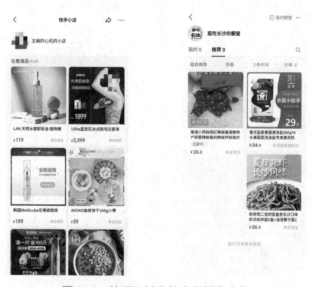

图 8-1 快手和抖音的商品橱窗功能

对于拥有淘宝等平台店铺和开设了商品橱窗（快手小店）的运营者来说，通过自营店铺直接卖货无疑是一种十分便利、有效的变现方式。

运营者只需在商品橱窗中添加自营店铺中的商品，或者在短视频中分享商品链接，其他用户便可以点击链接购买商品，而商品销售出去之后，运营者便可以直接获得收益了。

→ 2. 通过微商卖货

微信卖货和直接借助短视频平台卖货，虽然销售的载体不同，但有一个共同点，那就是要有可以销售的产品，最好是有自己的代表性产品。而微商卖货的重要一步就在于，将短视频平台用户引导至微信等社交软件。

　　将短视频平台用户引导至社交软件之后，接下来，便可以通过将微店产品链接分享至朋友圈等形式，对产品进行宣传，如图 8-2 所示。

图 8-2　微信朋友圈宣传产品

3. 出版图书作品

　　图书出版，主要是指短视频运营者在某一领域或行业经过一段时间的经营，拥有了一定的影响力或者有一定经验，将自己的经验进行总结后，进行图书出版，以此获得收益的盈利模式。

　　例如，抖音号"手机摄影构图大全"的运营者便是采取这种方式获得盈利的。该运营者通过抖音短视频、微信公众号、今日头条等平台，积累了大量粉丝，成功塑造了一个有价值的 IP。图 8-3 所示为"手机摄影构图大全"的抖音个人主页。

图 8-3　"手机摄影构图大全"的抖音个人主页

IP在近年来已经成为互联网领域比较流行和热门的词语，它的本意是Intellectual Property，即知识产权。短视频账号也可以形成标签化的IP，所谓标签化，就是让人一看到这个IP，就联想到与之相关的显著特征。

因为多年从事摄影工作，"手机摄影构图大全"的运营者结合个人实践与经验，编写了一本手机摄影方面的图书，该书出版之后短短几天，就收获了不错的销量，如图8-4所示。

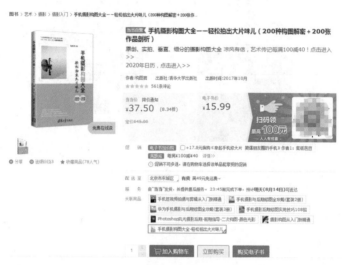

图8-4　"手机摄影构图大全"编写的摄影书

而这本书之所以如此受欢迎，除了内容对读者有吸引力之外，与"手机摄影构图大全"这个IP也是密不可分的，部分抖音用户就是冲着"手机摄影构图大全"这个IP来买书的。

短视频原创作者采用出版图书这种方式去获得盈利，只要短视频账号运营者本身有实力，那么收益还是很可观的。另外，当你的图书作品火爆后，还可以通过售卖版权来变现，小说等类别的图书版权可以用来拍电影、拍电视剧或者网络剧。

当然，这种方式可能比较适合那些成熟的短视频团队，如果作品拥有了较大的影响力，便可进行版权盈利变现。

➔ 4. 赚取平台佣金

抖音短视频平台的电商价值快速提高，其中一个很重要的原因就是随着精选联盟的推出，抖音用户即便没有自己的店铺也能通过他人卖货赚取佣金。也就是说，只要抖音账号开通了商品橱窗和商品分享功能，便可以通过引导销售获得收益。

当然，在添加商品时，抖音电商运营者可以事先查看每单获得的收益。以男装类商品为例，抖音电商运营者可以直接搜索"男装"，查看相关产品每单可获得的收益。如果想要提高每单可获得的收益，还可以按照佣金率大小来排序，从而获得更高的佣金比率，如图 8-5 所示。

图 8-5　添加商品时查看每单的收益

　　商品添加完成之后，抖音电商运营者便可等待短视频用户购买橱窗中的商品，从而获取经济收益。

　　对于获取的佣金，抖音电商运营者可以在"商品橱窗"界面的"佣金收入"中来进行查看，如图 8-6 所示。

图 8-6　查看佣金收入

5. 售卖网络课程

部分自媒体和培训机构可能自身是无法为消费者提供实体类商品的。那么，是不是对于这部分人群来说，短视频平台的主要价值就只是积累粉丝，进行自我宣传的一个渠道呢？

很显然，短视频平台的价值远不止如此，只要自媒体和培训机构拥有足够的干货内容，同样是能够通过短视频平台获取收益的。例如，短视频账号运营者可以在短视频平台中通过开设课程招收学员的方式，借助课程费用赚取收益。图 8-7 所示为"剪映视频教程"抖音账号的商品橱窗界面。

图 8-7　"剪映视频教程"抖音账号的商品橱窗界面

"剪映视频教程"抖音账号就是在商品橱窗里上架了短视频剪辑的课程，而对课程感兴趣的抖音用户只需进入购买，就可以学习对应的课程。这种无实物产品的营销方式，为短视频账号运营者节省了很多成本，而且售卖的内容可以循环利用。

6. 出售自己账号

在生活中，无论是线上还是线下，都是有转让费存在的。所谓"转让费"，即一个线上商铺的经营者或一个线下商铺的经营者，向下一个经营者转让经营权时所获得的一定的转让费用。

这一概念随着时代的发展，逐渐就有了账号转让的存在。同样，账号转让也是需要接收者向转让者支付一定费用的，这样，最终就使得账号转让成为获利变现的方式之一。

而对于短视频平台而言，由于这些账号更多的是基于优质内容发展起来的，因此在这里把短视频账号转让获利归为原创内容变现的方式。如今，互联网上关于账号转让的信息非常多，在这些信息中，有意向的账号接收者一定要慎重对待，不能轻信，且一定要到比较正规的网站上来操作，否则很容易受骗上当。

以鱼爪新媒为例，在该转让平台上，可以转让的账号有很多种，如公众号、抖音号、快手号、微博号、头条号和小红书号等，且在不同的模块下，还提供了转让的价钱参考，如图8-8所示。

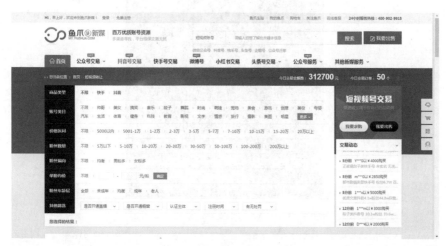

图 8-8　鱼爪新媒头条号账号转让页面

当然，在采取这种变现方式之前，短视频账号运营者一定要考虑清楚。因为账号转让相当于是将账号直接卖掉，一旦交易达成，短视频账号运营者就将失去该账号的所有权。

如果不是专门做账号转让的短视频账号运营者，或不是急切需要进行变现，不建议短视频账号运营者采用这种变现方式。

▶ 078 通过流量变现

主流短视频平台是一个流量巨大的平台，而对于短视频运营者来说，将吸引过来的流量进行变现，借粉丝的力量变现也不失为一种不错的生财之道。

流量变现的关键在于吸引用户观看你的抖音短视频，然后通过短视频内容引导用户，从而达成自身的目标。一般来说，流量变现主要有4种方式，下面将分别进行解读。

➡ 1. 代言品牌广告

当短视频运营者的抖音积累了大量粉丝，账号成了一个知名度比较高的 IP 之后，可能就会被邀请做广告代言。此时，短视频运营者便可用赚取广告费的方式，进行 IP 变现。

抖音中通过广告代言变现的 IP 还是比较多的，其共同的特点就是粉丝数量多、知名度高。例如通过抖音平台爆火而接了很多广告的"摩登兄弟"。图 8-9 所示为"摩登兄弟"的抖音个人主页。

图 8-9　"摩登兄弟"的抖音个人主页

正因为有如此多的粉丝，"摩登兄弟"成功接到了许多广告代言，其中不乏一些知名品牌的代言。可想而知，光广告代言收入就让"摩登兄弟"获利可观了。图 8-10 所示为"摩登兄弟"的代言广告。

图 8-10　"摩登兄弟"的代言广告

→ 2. 实现 IP 增值

作为一个颜值和动人歌喉兼具的主播，"阿悠悠"在抖音短视频平台上发布了大量歌唱类短视频。如今"阿悠悠"成了拥有 700 多万粉丝的大 IP，图 8-11 所示为"阿悠悠"的抖音个人主页。

图 8-11　"阿悠悠"的抖音个人主页

正是因为在抖音平台上的巨大流量，"阿悠悠"不仅被许多音乐人看中，推出了众多量身定制的单曲，更被许多综艺节目邀请。图 8-12 所示为"阿悠悠"发布的音乐单曲和专辑。

图 8-12　"阿悠悠"发布的音乐单曲和专辑

短视频运营者要把个人 IP 做成品牌，当粉丝达到一定数量后可以向娱乐圈发展，如拍电影／电视剧、上综艺节目以及当歌手等，实现 IP 的增值，从而更好地进行变现。如今，抖音平台上越来越多的"网红"进入娱乐圈发展。图 8-13 所示为从抖音平台走红的"网红"参演电视剧的海报。

图 8-13 从抖音平台走红的"网红"参演电视剧的海报

3. 明确流量渠道

短视频账号运营者想要获取更多的流量，但又困于每个渠道受欢迎的内容类型不尽相同。所以我们要先明确从哪些平台导入流量，再根据平台的调性，生产对应的短视频内容。

比如，同样的内容，今日头条的用户可能更喜欢看图文形式的，而西瓜视频的用户更喜欢看视频形式的。那你就可以根据平台用户的喜好，分别打造图文形式和视频形式的内容，并将打造后的内容发布到对应的平台上。

4. 设置好引诱点

怎样让短视频平台用户根据你设置的路径，进入目标平台呢？其中一种有效的方法就是设置引诱点，让用户心甘情愿地成为你流量池中的一员。当然，在设置引诱点时也需要注意，引诱点的吸引力对引流的效果往往起到了决定性的作用。你设置的引诱点用户越感兴趣，就越容易引导用户进入流量池。

比如，有的短视频企业号在主页设置优惠活动入口，这就是将"优惠"作为引诱点，吸引短视频平台用户进入对应平台，从而实现卖货变现。

▶ 079 通过产品变现

如果想在短视频平台实现高效变现，产品带货变现是一个不错的方法。那么，

我们又该怎样刺激短视频用户的购买欲望，实现产品带货变现呢？下面我们将通过
4个技巧来进行具体分析。

1. 产品新颖玩法

如果你的产品有一些与众不同的新颖玩法，那么就很容易吸引短视频用户的注
意力。图8-14所示为短视频平台比较火爆的烟雾泡泡机。

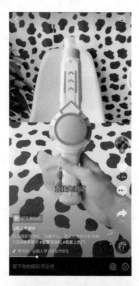

图8-14 产品的新颖玩法

这个产品把泡泡和烟幕弹结合在一起，呈现出了很好的玩耍体验。通过短视频
这种新颖的玩法，让许多短视频用户看完短视频后，都忍不住纷纷下单，想亲自体
验一下这个新奇产品。

2. 增加趣味内容

短视频账号运营者在创作短视频时，可以增加一些有趣的内容。因为用户在刷
短视频的时候，一般都是比较无聊的。这个时候，如果你的短视频内容比较具有趣
味性，自然就会更受用户的欢迎。一般来说，以下这4种类型比较适合在短视频平
台卖货变现。

1）服装类

在短视频平台上服装很容易实现变现，只要服装在视频中的模特身上效果好，
价格能让人接受，就比较容易卖出去。

2）景区类

短视频平台上有很多火爆的景区，深受用户的欢迎。因为景区本身就有一定的
旅游资源，再加上作为一种风景，可以直接在短视频平台中进行展现。所以，视频
拍出来之后，很容易就能吸引大量短视频用户。

3）美食类

俗话说得好"民以食为天"，与吃相关的东西，很容易引起人们的关注。而美食通常又具有色相好、口碑好等特点。所以，许多抖音用户看到一些美食之后就垂涎欲滴，恨不得马上去尝尝味道。

4）知识付费类

这类产品本身就具有一定的专业性，再加上部分短视频用户比较爱学习，所以，知识付费类的产品也比较容易吸引精准用户。

以上 4 类产品，在短视频平台中都比较容易实现卖货变现，有时候你只要拍一下产品，就能把产品卖出去。但是，在产品变现的过程中也千万要记住，不要直接上来说你这个产品多少钱，在哪里买，否则很容易引起短视频用户的反感。你可以围绕产品做周边内容，刺激短视频用户的购买欲望。

3. 展现制作过程

我们可以在视频中展现产品的生产过程、制作过程和流通过程等。比如，用视频展现你在店里是如何卖产品的，这就是一个展现过程。当然，在展现产品的相关过程中，还需要证明产品的优势。

例如，卖编织产品的可以把手工编织的制作过程通过视频展现出来，让抖音用户明白你的编织产品是纯手工制作的，这样短视频用户看完视频之后，自然就会更放心地购买你的编织产品了，如图 8-15 所示。

图 8-15　展现产品制作过程

因为许多人在网购时有过比较糟糕的体验，所以，对于电商销售的产品的质量都抱有一定的怀疑。而通过对产品制作过程的展现，就能很好地消除抖音短视频用户的怀疑，让短视频用户能够放心购买。

4. 证明产品优势

什么叫证明产品的优势？怎样去证明产品的优势呢？证明优势并不是你拍个视频，自己说这个产品各种好，而是让短视频用户看完你的视频之后，觉得你的产品确实好，确实值得购买。

例如，某些女装类短视频账号就是让漂亮小女生穿上店铺要出售的服装，体现服装上身后的效果，当短视频用户看到模特穿着确实很好看时，产品的优势自然就得到了证明，如图 8-16 所示。

图 8-16　证明产品的优势

▶ 080　通过内容变现

什么样的内容容易变现？这一节，要给大家推荐短视频平台最容易变现的内容，帮大家把产品卖到脱销。

1. 推荐优质产品

推荐优质产品一般是短视频种草号常用的变现形式。现在有不少看短视频的用户被种草号的内容所吸引，然后激发出了购买需求。尤其是有很多人在留言评论区都在说已下手时，用户一看价格也不太高，就情不自禁地剁手了。

做这类短视频，需要具备良好的选品眼光，就是你要知道哪些产品能够受人喜欢，并且是人人都用得着、买得起的产品。在做之前，你要先思考，要做什么品类的产品。总之，你选的产品方向，一定是越垂直越好。例如，是推荐服装类、玩具类还是生活类等。

做种草号，好的产品是基本。即使你拍的内容再好，但如果选择的商品不符合用户需求，则作品就算有再多人看也白搭，没有可销售转化的内容就是在白忙活。因为大多数运营者做种草号的目的就是赚钱。

短视频产品选择有 7 个原则，分别是新、奇、特、展、利、品、高。我们先说新、奇、特。这里的"新"，指的是新鲜感，用户很少见；"奇"指的是有创意，让用户感到意外；"特"指的是特别，完全颠覆了用户的固有常识。大家可能发现了短视频平台上大部分爆款商品，都符合"新""奇""特"原则。

例如，短视频平台上卖得火爆的珍珠奶茶手机壳、梳子手机壳等就是我们生活中比较少见的，而且是让人感觉很有创意的产品，如图 8-17 所示。

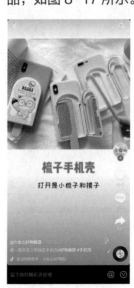

图 8-17　展示"新""奇""特"的手机壳

"展"指的是容易用视频展示商品的使用场景，这点很重要，你在选择商品的时候，就要思考自己能不能把它的特点和优点展现出来。

"利"指的是利润，我们做种草号一定是追求利润最大，所以我们在选择商品的时候除了看这个商品的佣金，还要看这个商品的往期销量。

另外，在这里要跟大家说一下，短视频平台不适合卖高客单价的商品，只要入手价格超过 60 元，销售转化率就会特别低，也就是说，买的人会特别少。

因为价格一升高，用户下单购买时就会有更多考虑，有的用户还会去别的平台进行比价。经过这样一段时间冷静后，用户早就失去了冲动消费的欲望。如果真的有需要，也肯定是在外部其他平台成交，而不会选择在短视频平台里购买。

"品"指的是品质。你挑选的商品质量一定要过关，不能以次充好。大家在挑选商品的时候，一定要先看一下评价，如果评价比较差，即使佣金再高你也不能卖。因为这是关于一个做人标准的问题，而且也直接影响着用户的信任感。我们不能消耗抖音用户的信任，毕竟我们要做长期的生意。

"高"也就是高频刚需的产品。为什么宝洁公司可以屹立一百多年不倒，成为全球最大的日常消费品公司？这是因为飘柔、舒肤佳等品牌商品对用户来说都极其高频刚需，这些高频刚需的商品往往售价低廉，一旦商品展示中有能戳中用户的点，用户就很容易做出购买决策。

最后，跟大家说一下作者总结的两个选品技巧。一是选产品的时候一定要先参考同行数据，看其选品的销量如何，卖得好一定是有原因的，然后你就要快速跟进，做出差异化的内容。

二是你选择的产品，一定要满足"新""奇""特"这3个原则。什么意思呢？就是推荐的产品最好是大家市面上比较少见，而且感觉非常特别，如果是人人都能在街边买到的东西，那你就不要推荐了。

2. 测评相关产品

推荐优质产品一般是短视频测评类号常用的变现形式。例如，抖音头部"老爸测评"这个千万粉丝级别账号，其内容就是挑粉丝感兴趣的产品，然后分析其效果、成分、质量和性价比等，利用这样的方式向用户推荐产品，如图8-18所示。

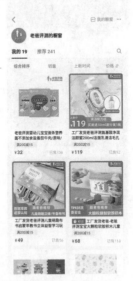

图 8-18　"老爸测评"发布的短视频和相关商品详情

当然，短视频账号运营者不用像"老爸测评"那样做得那么专业，你可以选择一些大号们还没有测评的领域。比如，你可以测评线上课程，看课程的收获以及知识点是否丰富等。这里要跟大家提示一下，测评原则讲究的是保持中立的态度，通过你使用的真实感受，它好就是好，不好就是不好，你一定要客观中立。

3. 做好几个步骤

大家都知道短视频平台火了，不仅留住了短视频用户的时间，还有意无意成为带货小能手，打造了很多爆款。这拨黑洞般的带货能力连卖家都猝不及防，没有一点点防备，产品莫名其妙就卖到脱销。

"抖音同款"这 4 个字俨然已成为淘宝上的大 IP，千奇百怪的同款搜索多到你都怀疑人生。之所以人家的产品卖脱销，最核心的秘诀就是我们常说的一个词："网红基因"。那究竟做好哪几步才能让我们自己的产品能够跟"抖音同款"一样，成为爆款，卖到脱销呢？主要有以下 4 个步骤。

1）打造专属场景互动

打造专属场景指的是在熟悉的场景，利用社交媒体进行互动。例如，在吃海底捞的时候，有网友自创网红吃法，像什么自制调料、自制锅底、DIY 涮菜什么都有。其海底捞话题在各大短视频平台讨论度都特别高，很多相关短视频动不动就拿下了上万个点赞。图 8-19 所示为"海底捞"话题的相关页面。

图 8-19　"海底捞"话题的相关页面

在短视频平台的传播下，海底捞那段时间的营业额瞬间翻了好几番，就是现在都还有人去海底捞专门让服务员点网红套餐。这一点，大家可以根据自己的产品，在粉丝熟悉的场景自己制作一些互动视频，如果没有也可以找一些合适的热点来蹭。

2）你的产品要简单实用

产品越简单实用，越容易获得用户的青睐。例如，在短视频平台上很火的磁吸肥皂架，只要将肥皂架粘在墙壁上，再将磁吸片嵌入肥皂内，就不怕洗手时肥皂滑溜溜的了，而且让肥皂的拿取方式更加方便。于是该磁吸肥皂架很快就受到了抖音用户的欢迎，如图8-20所示。

图8-20　磁吸肥皂架

很多对生活品质有追求的人看到这款产品，都会考虑购买。短视频账号运营者的产品如果符合简单实用这点，就可以在短视频中体现出来。

3）你的产品性价比要高

你的产品除了质量过硬，价格还要亲民，你注意看所有的爆款产品价格都不会太高。图8-21所示为短视频账号对红心猕猴桃推广的优惠文案。

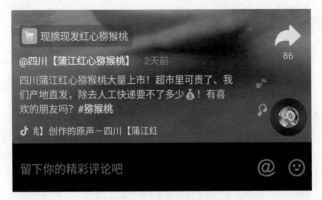

图8-21　短视频账号对红心猕猴桃推广的优惠文案

面对短视频里面如此优惠的价格，再加上短视频画面对水果的呈现，用户很容易因此而马上购物下单。

4）制造传播的社交货币

这是什么意思呢？很多产品爆火的背后，并不是因为它的实用价值，而是因为它具备社交属性。比如曾经在网上卖到断货的小猪佩奇手表，如图 8-22 所示。

图 8-22　小猪佩奇手表

它的爆火是因为这个手表比其他手表质量更好、更实用吗？不是，是因为"小猪佩奇身上纹，掌声送给社会人"这句流行语在短视频平台的爆火，戴上这个手表就可以让你跟别人不一样，让你有了更多的身份认同感和谈资。

所以，大家在传播自己产品的时候，一定要有意识打造属于产品的社交货币，让你的产品能够帮用户贴上更多无形的东西，这样才能得到更多的传播和认同。

▶ 081　通过广告变现

广告变现是短视频盈利的常用方法，也是比较高效的一种变现模式。短视频中的广告形式可以分为很多种，比如冠名商广告、品牌广告、贴片广告和浮窗广告。

一般来说，广告植入有两种形式。一种是硬性植入，不加任何修饰硬生生地植入视频中。另一种是创意植入，即把视频的内容、情节很好地与广告的理念融合在一起，不露痕迹，让观众不容易察觉。

从制作上来看，硬性植入和创意植入也有很多不同，具体体现在两个方面，如图 8-23 所示。

相比较而言，很多人认为创意植入的效果更好，而且受众的接受程度更高，但也有人认为只要想法好、产品质量好，就不需要那么多套路。

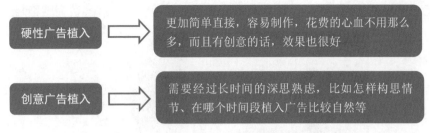

图 8-23　不同广告植入方式的制作要求

不管是哪一种植入方式，目的都是变现。因此只要达成了营销的理想效果，都是一样的。短视频账号运营者与品牌方进行短视频广告合作，一般会有以下基本流程，具体分析如图 8-24 所示。

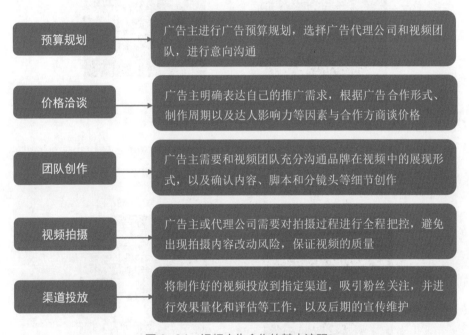

图 8-24　视频广告合作的基本流程

那么，短视频该如何具体实现广告变现呢？通常短视频账号运营者会采用台词植入、剧情植入、场景植入、音效植入和道具植入等广告植入方式，下面我们将详细介绍这些方式是怎样实施的。

1. 台词植入变现

台词植入的意思是短视频的主人公通过念台词的方法直接传递品牌的信息、特征，让广告成为短视频内容的组成部分，如图 8-25 所示。

该短视频就是直接通过台词来植入骑士卡的广告，这样的植入方式不仅直观展示了相关产品的优点、性能，而且还能够有效提升观众对品牌的认同感和好感度。

图 8-25　台词植入

2. 剧情植入变现

剧情植入就是将广告悄无声息地与短视频的内容剧情结合起来，比如短视频主人公收快递的时候，吃的零食、搬的东西，以及去逛街买的衣服等，都可以植入广告，如图 8-26 所示。

图 8-26　剧情植入

该短视频通过主人公肚子饿，从而寻找吃的内容切入，以剧情的形式展示了该牛肉产品的食用便捷和美味。

剧情植入往往与台词植入的方式相结合，打造出来的广告植入方式更加具有说服力，而且值得一提的是，众多电视节目中的广告植入方式都是以这两种为主。

3. 场景植入变现

场景植入是指在短视频画面中通过一些广告牌、剪贴画、服装、标志性的物品来布置场景，从而吸引观众的注意。图 8-27 所示为短视频账号"李梦羲小梦"给《一梦江湖》手游做的场景植入。

图 8-27　场景植入

因为该短视频账号主要内容是 cosplay（角色扮演），再加上这次《一梦江湖》手游推广的目的是宣传游戏新门派（门派故事背景定位为西域），所以这次短视频主题选择了与新出门派同款服装。

在服装的展示环节中，短视频账号运营者选择了与游戏同类型的沙漠场景，让用户看了短视频之后有了游戏的身临其境之感，其场景植入成为短视频的点睛之笔。

4. 音效植入变现

音效植入是指用声音、音效等听觉方面的元素对受众起到暗示作用，从而传递品牌的信息和理念，达到广告植入的目的。

例如，各大著名的手机游戏都会有属于自己独特的背景音乐和特效声音，使得用户只要一听到与游戏相关的音乐，就会自然联想到某手机游戏。图 8-28 所示为短视频通过音效植入给《梦幻西游》手游做推广。

图 8-28　音效植入

　　该视频巧妙改编了《达拉崩吧》这首歌曲，在其中添加了游戏的音乐元素，用这种音效植入的方式为游戏起到了很好的宣传推广作用。

5. 道具植入变现

　　道具植入就是让产品作为道具出现在视频中，道具可以包括很多东西，比如手机、汽车、家电、抱枕等，如图 8-29 所示。

图 8-29　道具植入

该视频对某品牌眼影进行植入，把要推广的产品作为要使用的化妆道具，很自然地插入到视频之中，也使用户直观感受到产品的用处。

在通过道具植入的方式打广告时，最好遵循适度原则，因为频繁地给道具做特写会显得有些刻意，容易引起观众的反感。

▶ 082 通过实体变现

短视频平台属于线上平台，而部分短视频账号运营者则主要是在线下进行卖货变现的。那么，实体店如何吸引短视频用户进店消费，实现高效变现呢？下面介绍4点技巧。

1. 以店铺为场景

以店铺为场景是什么意思？其实就是利用店铺本身，组织各种有趣的玩法，从而吸引用户的注意。

例如，曾经在短视频平台上比较火的"解忧坊"，就是在店铺中展示古色古香的场景来吸引抖音用户到线下实体店打卡的，如图8-30所示。

图8-30　以店铺为场景的"解忧坊"

当然，古风店铺包含有自身的特色在里面，很多实体店没有办法模仿。但是，我们也可以通过一些具有广泛适用性的活动来展示店铺场景。比如，可以在店铺门口开展跳远打折活动，为店铺进行造势。

大家都知道，现在实体店最吸引用户的其实已不再是产品本身了，因为电商平台的发展，让用户网购买产品更便捷。那么，实体店如何吸引短视频用户进店消费呢？其中，一种方法就是让短视频用户对你的实体店铺有需求。

网购虽然方便，但是在许多人看来也是比较无聊的，因为它只是让人完成了购买行为，却不能让人在购物的过程中获得新奇的体验。如果你的实体店铺不仅能买到产品，又有一些让短视频用户感兴趣的活动，那么，短视频用户自然会更愿意去你的实体店铺中打卡。

有的店铺中会组织一些特色的活动，比如，让顾客和老板或者店员猜拳、组织对唱或者跳舞等。你可以将特色活动拍成视频上传至短视频平台中，从而展现店铺场景。这些活动在部分短视频用户看来是比较有趣的，所以，在看到之后，就会对你的实体店铺心生向往。

2. 打造老板人设

你的老板有没有什么特别的地方？他（她）能不能在视频中出镜呢？短视频平台上以老板为人设的账号很多。

例如，上海很火的一家小浣熊咖啡馆，其老板打造的就是美国帅哥的形象。因老板的颜值高，吸引了很多用户前往。图 8-31 所示为短视频用户前往咖啡馆拍摄的短视频。

图 8-31　打造老板人设的示例

这些老板突然在短视频平台火了之后，就会为店铺带来很多用户流量。有的人可能是真的想要买东西，但更多的人可能只是想亲眼看看老板，了解一下老板现实生活中到底是什么样的。

→ 3. 打造员工人设

除了打造老板的人设之外，短视频中还可以打造员工的人设。你的店铺中有没有很有趣、很有特色的店员？能不能以店员的角度来看待店铺的经营情况，让视频内容看起来更加真实？

例如，有个店铺就是通过员工的技能来吸引顾客的。当顾客点了啤酒后，穿着日式服装的服务员就会主动过来给你现场开啤酒瓶盖，而且开盖工具用的不是常见的开瓶器，而是用日常生活中常见的日用品，如图8-32所示。

图8-32　打造员工人设的示例

在许多短视频用户看来，这种开瓶盖的形式很有意思，所以看到这个短视频之后，就会想要去店铺亲身体验一下。这样一来，短视频账号运营者便通过员工人设的打造，增强了实体店铺对短视频用户的吸引力。

当然，有的店铺中的店员，看上去可能并没有什么太特别的地方。那就可以在了解员工的基础上，对员工的独特之处进行挖掘和呈现。如果觉得这种挖掘不好做，还可以直接招收一些比较有才的店员。

→ 4. 顾客帮你宣传

店铺中的人员比较有限，所能达到的宣传效果也比较有限。而且短视频用户可能会觉得店铺的相关人员拍摄的视频，不是很客观。那么，我们能不能让进入店铺中的顾客拍摄短视频，让顾客帮忙进行宣传呢？

例如，"茶颜悦色"这个奶茶品牌就是通过顾客的宣传而走红的。图8-33所示为顾客宣传"茶颜悦色"的短视频。

图 8-33　让顾客帮忙宣传示例

　　让顾客帮忙宣传这种营销方式，无论是对顾客，还是对店铺都是有益处的。对顾客来说，可以丰富自身拍摄的内容。如果拍摄的视频上了热门，还可以获得一定的粉丝量。而对于店铺来说，很多短视频用户都会参照顾客拍摄的视频，对店铺评价高的顾客越多，店铺的生意就会越好。

　　这和网购是一个道理，如果店铺的好评度高，自然能吸引更多人前来购买。很多实体店铺能够成为网红店铺，都是因为顾客的宣传为店铺塑造了良好的口碑。如果每个进店的顾客都能拍一条短视频，就算一条短视频只能带来 5 个顾客，也能让实体店铺持续不断地获得大量的客流，从而获得商业变现。

第9章

抖音平台：
轻松实现年入百万

学前提示

　　抖音内容的主要特点可以用 3 个字来形容，那就是"短、快、新"，能够契合用户的实际需求。在注册抖音账号之前，我们需要了解抖音，然后才能创建账号和进行账号运营。对于企业或个人来说，抖音都是一个不错的宣传媒介，利用好了，带来的效益不可估量。

要点展示

- ▶ 抖音的概念及趋势
- ▶ 了解抖音用户
- ▶ 遵守抖音规则
- ▶ 抖音引流技巧
- ▶ 抖音基础变现
- ▶ 抖音延伸变现

▶ 083　抖音的概念及趋势

如今这个快节奏的时代，短视频的发展已经成为不可阻挡的趋势了。在众多短视频平台中，抖音因其巨大的流量、年轻的用户以及不可估量的商机脱颖而出，成为各大品牌入驻短视频平台的重要选择。那么，抖音究竟是一个什么样的平台呢？本节将为你揭晓答案。

➊　1. 基本概念

抖音是于 2016 年 9 月上线的一款音乐创意短视频社交软件，是一个专注年轻人的音乐短视频社区。用户可以通过这款软件选择歌曲，从而拍摄音乐短视频，形成自己的作品并发布。

抖音的 Slogan（口号）是"专注新生代的音乐短视频社区"，可见其目标用户为年轻用户，其产品形态是音乐短视频，其愿景是打造音乐社区。

现在市场上同类短视频 App 有很多，为什么抖音能脱颖而出呢？下面首先来简单了解一下它的平台特点和内容特点。

1）平台特点

抖音是今日头条孵化的一款短视频社交 App，虽然是今日头条旗下产品，但在品牌调性（品牌调性是基于品牌或产品的外在表现而形成的市场印象，从品牌与产品人格化的模式来说，等同于人的性格）上和今日头条不同。

今日头条的品牌调性更接近快手，用户基本集中在三四线城市以及广大农村，内容比较接地气，而抖音瞄准的大多是一二线城市的年轻用户，85% 以上的用户是"95 后"和"00 后"人群，因此内容更加潮酷和年轻。

在功能方面，抖音与快手非常相似，两款社交短视频产品也经常被进行比较，两者最大的区别还是品牌调性和用户画像，快手更加"真实"和"接地气"，而抖音更加"高大上"和酷炫。

2）内容特点

抖音最初的定位是"音乐短视频 App"，内容主要是音乐类视频，还有些其他才艺表演，后来随着用户量的增长，内容也越来越丰富多元。

打开抖音 App，可以看到各种"逆天化妆术"、街头跑酷、影视剧片段模仿，以及趣味恶搞等内容，最直观的感受就是有创意、有趣、高颜值和潮流酷炫。抖音之所以能从众多短视频 App 中脱颖而出，关键之一就是这些好玩有趣的视频内容。

其实，其他 App 也有很多有趣的内容，如小咖秀等。抖音之所以能超越这些App，主要归功于用抖音拍摄小视频时，用户可以添加很多玩法和特效，可以通过调整视频拍摄的速度快慢，以及原创特效（如反复、闪一下以及慢镜头等）、滤镜和场景切换等技术，让视频更具创造性，一秒变大片。

再加上抖音的配乐，经常是一些电音和舞曲，大多数作品节奏感很强、有魔性，给人感觉也比较酷炫。此外，用户拍摄抖音短视频也容易上手，普通用户也可以做出好玩、炫酷的短视频。

对于用户来说，每天无聊时打开 App 就能看到各种有意思的视频，为平凡枯燥的生活增添很多乐趣。同时，当用户有想法和创意时，又可以快速创作出酷炫的大片作品，秀出自己的高颜值和才艺，满足表现欲和创作欲。另外，抖音的社交属性可以让用户看到并认识很多有趣的朋友，所以说抖音能"火"也是一种必然。

2. 技术应用

抖音的技术应用主要包括以下几个方面，如图 9-1 所示。

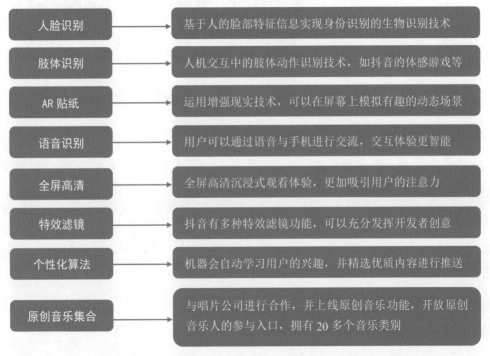

人脸识别	基于人的脸部特征信息实现身份识别的生物识别技术
肢体识别	人机交互中的肢体动作识别技术，如抖音的体感游戏等
AR 贴纸	运用增强现实技术，可以在屏幕上模拟有趣的动态场景
语音识别	用户可以通过语音与手机进行交流，交互体验更智能
全屏高清	全屏高清沉浸式观看体验，更加吸引用户的注意力
特效滤镜	抖音有多种特效滤镜功能，可以充分发挥开发者创意
个性化算法	机器会自动学习用户的兴趣，并精选优质内容进行推送
原创音乐集合	与唱片公司进行合作，并上线原创音乐功能，开放原创音乐人的参与入口，拥有 20 多个音乐类别

图 9-1　抖音的技术应用

抖音基于增强现实技术打造了 AR 贴纸功能，为用户提供更多的创意玩法，让他们生产不同的酷炫且有趣的内容。而且抖音官方会根据当前环境、节假日、用户喜好等，推出不同场景和特点的新贴纸。

3. 营销趋势

从 2018 年初开始，抖音就已经慢慢地挤掉了微信、微博和今日头条等一系列耳熟能详的应用，长期占据了各大应用商店的下载榜第一名。越来越多的品牌开始驻扎抖音，在这个"魔性"的内容社区中，玩出了丰富的新潮营销玩法。图 9-2

所示为抖音平台的品牌营销趋势。

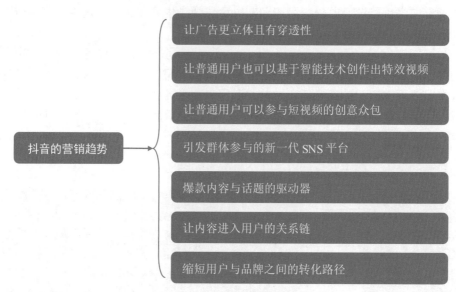

图 9-2　抖音的营销趋势

抖音是目前非常火爆的短视频平台，很多人都在刷抖音。同时，还有很多明星在不断加入，甚至连很多官方机构都开始加入，其中不乏人民网、支付宝、美团外卖、饿了么等大型机构和企业。

在市场方面，抖音的软文推广和"带货"能力都很好，那些拥有百万粉丝的账号，他们接一个广告的费用就是好几万元。随着抖音从一二线城市开始向三四五线城市扩展，用户越来越多，市场也越来越好，可以这么说，抖音的前景和市场之间是相辅相成的。

▶ 084　了解抖音用户

在目标用户群体定位方面，抖音是由上至下地渗透。抖音在刚开始推出时，市场上已经有很多的同类短视频产品，为了避开与它们的竞争，抖音在用户群体定位上做了一定的差异化策划，选择了同类产品还没有覆盖的那些群体。

下面主要从年龄、性别、地域分布、职业和消费能力 5 个方面分析抖音的用户定位，帮助运营者了解抖音的用户画像和人气特征，更好地做出针对性的运营策略和精准营销。

➡ 1.　年龄：以年轻用户为主

抖音平台上 80% 的用户在 28 岁以下，其中 20 ～ 28 岁用户比例最高，也就是"90后"和"00后"为主力人群，整体呈现年轻化趋势。这些人更加愿意尝试新的产品，这也是"90后"和"00后"普遍的行为方式。

2. 性别：男女比例基本持平

根据QuestMobile的报告显示，抖音的男女比例约为3∶7，也就是女性比男性多一半左右。首先，女性居多直接导致的结果就是消费力比较高，因为大部分的钱都是女性花的；而男性占比较少，相对地消费力也不强。另外，极光大数据报告中的数据更详尽，报告中指出抖音中女性用户的占比达到了66.4%，显著高于男性。

3. 地域：分布在一二线城市

抖音从一开始就将目标用户群体指向一二线城市，不仅避免了激烈的市场竞争，还占据了很大一部分的市场份额。当然，随着抖音的火热，目前也在向小城市蔓延。根据极光大数据的分析报告显示，一二线城市的人群占比超过61.49%，而且这些地域的用户消费能力也比较强。

4. 职业：大学生、白领和自由职业者

抖音用户的职业主要为白领和自由职业者，同时大学生与踏入社会五年左右的用户也比较常见。另外，这些人都有一个共同的特点，就是特别容易跟风，喜欢流行时尚的东西。

5. 消费能力：愿意尝试新产品

抖音的目前人群大部分都属于中等和中高等层次消费者，这些人群突出的表现就是更加容易在抖音上下单，直接就导致了他们的变现能力很强。另外，他们的购买行为还会受到营销行为的影响，看到喜欢的东西，更加容易产生冲动性消费。

▶ 085 遵守抖音规则

随着5G时代的来临，短视频也越来越受欢迎，无论是抖音个人号，还是抖音企业号，在运营时必须先遵守抖音相关规则，在符合规则的要求下尽最大可能宣传自己的产品或服务。下面重点介绍抖音的一些平台规则。

1. 了解推荐算法

首先，给你推荐一批人，比如先给100人看你的视频，这100人就是一个流量池。假如这100人观看视频之后，反馈比较好，有80人完全看完了，有30人给你点赞，有10人发布了评论，系统则会默认你的视频是一个非常受欢迎的视频，因此会再次把视频推荐到下一个流量池。

比如第二次推荐给 1000 人，再重复该过程，这也是我们经常看到一个热门视频连续好几天都能刷到首页的原因。当然，如果第一批流量池的 100 人反馈不好，这个视频自然也得不到后续的推荐。

2. 不做低级搬运

带有其他平台特点和图案的作品，抖音平台对这些低级搬运的作品会直接封号或者不给予推荐，因此不建议大家做。

3. 视频清晰无广告

作为抖音自媒体运营者，首先要保证自己视频的质量，不含有低俗、色情等内容，其次要保证视频中不能带有广告，视频尽量清晰。

4. 不随意删除视频

每个平台都会有相关的规则，很多人可能连平台规则都没认真了解，就开始运营自己的抖音账号，不是自己账号被限流，就是胡乱删除视频，导致自己账号粉丝少，视频浏览量也低。

因此，对于运营者而言，在抖音号正式发布内容之前，先需要做好账号定位，对自己的内容做好规划，或者说深入了解视频创作的要点。尤其对于企业而言，抖音企业号发布的内容代表着企业的形象，关系着企业未来的发展。

如果企业号运营者对短视频创作很迷茫，可在抖音企业号中学习相关教程，其中不乏抖音审核规则、抖音推荐规则、基础创作技巧、短视频进阶、账号运营攻略、直播进阶、带货攻略、直播攻略等内容，如图 9-3 所示。

图 9-3　抖音企业号中的相关教程

5. 账号权重

作者先前分析了很多账号，发现那些抖音普通玩家上热门有一个共同的特点，那就是给别人点赞的作品很多，最少的都上百了。

这是一种模仿正常用户的玩法，如果上来就直接发视频，系统可能会判断你的账号是一个营销广告号或者小号，进而审核屏蔽。具体提高抖音号权重的方法如下。

（1）使用头条号登录。用 QQ 登录今日头条 App，然后在抖音的登录界面选择今日头条登录即可。因为抖音是今日头条旗下的产品，通过头条号登录，会潜在地增加账号权重。

（2）采取正常用户行为。多去给热门作品点赞、评论和转发，选择粉丝越多的账号效果越好。

6. 重视养号

在抖音平台上，不仅权重很重要，保持账号的活跃度、互动程度、行为习惯也很重要。因此，抖音运营者不仅要做好账号的基本维护，还可以通过一些手段来主动养号，提升账号权重，从而获得更高的推荐量。建议大家从以下 7 个方面去养号，如图 9-4 所示。

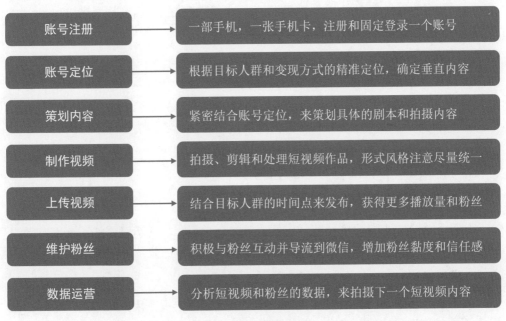

图 9-4　抖音养号

很多人说抖音是去中心化的平台，在抖音谈论权重是没有意义的。但如果他们认真研究过上热门推荐账号的共性，就不会说权重无意义之类的话了。经作者的观察，抖音平台通常更青睐于那些产出高质量的、垂直领域内容的账号，同时给予这些账号更多的流量扶持。

抖音运营者养号的核心目的就是提升账号权重，避免账号因被系统判断为营销账号而限流。抖音运营者只要能够时常注意这个问题，就可以轻松达到曝光、引流、变现、带货、卖货以及卖号等目的。下面是作者总结的一些提升账号权重的养号技巧，抖音运营者每天可以花点时间做好这些工作。

（1）抖音运营者在拍摄和制作短视频时，作者建议全程使用数据流量，而非Wi-Fi。

（2）尽量保证选择清晰的账号头像，完善自己的账号信息。

（3）尽量绑定微信、QQ、头条、微博等第三方账号，笔者这里强烈建议绑定头条号。

（4）进行实名认证，有条件的抖音运营者还可以进行个人认证和企业认证，以此增加抖音账号权重。

（5）运营者在发布短视频时尽量添加地址，抖音根据地域向附近人群推送该短视频。

（6）抖音运营者每天至少登录一次抖音账号，并时不时刷新信息流，多给优秀作品点赞。

（7）多看看抖音热搜榜单，关注并参与抖音官方的话题挑战。

（8）适当关注 3 ～ 5 个自己喜欢的抖音账号。

7. 不盲目模仿

在抖音上最常见的是，若某一个短视频"火"了，或某一首歌当红之时，我们总是能看到很多模仿作品。对于只想玩玩抖音的用户，确实可以发布这种模仿作品，但是对于想要打造优秀个人号的运营者而言，不能为上热门推荐而盲目模仿。

▶ 086 抖音引流技巧

抖音引流有一些基本的技巧，掌握这些技巧之后，抖音运营者的引流推广效果将变得事半功倍。这一节，就来对几种抖音基本引流技巧分别进行解读。

1. 推荐机制

抖音是当下最热门的短视频 App，字节跳动公司会根据用户的位置、年龄和喜好，不断优化自己的推荐算法，以此来不断贴近用户的审美和偏好。

在运营机制上，抖音可以说是集合了各种优点，如有节奏的电子音乐和人物靓丽新潮的打扮等。值得一说的是，现代生活让我们的时间越来越碎片化，刷抖音则成为大家最常见的打发碎片化时间的最佳选择。同时，诸多明星和企事业机构入驻抖音，TikTok（抖音海外版）长期霸占国外下载榜和热搜榜，更加说明了抖音不是一种简单的成功，它的崛起绝不是偶然。

在流量巨大的抖音平台上，抖音运营者要想成为短视频领域的超级IP，首先要想办法让自己的作品火爆起来，这是成为超级IP的一条捷径。如果用户没有那种一夜爆火的好运气，就需要一步步脚踏实地地做好自己的短视频内容。当然，这其中也有很多运营技巧，能够帮助用户提升短视频的关注量，而平台的推荐机制就是不容忽视的重要环节。

以抖音平台为例，用户发布到该平台的短视频需要经过层层审核，才能被大众看到，其背后的主要算法逻辑分为3个部分，分别为"智能分发、叠加推荐、热度加权"，如图9-5所示。

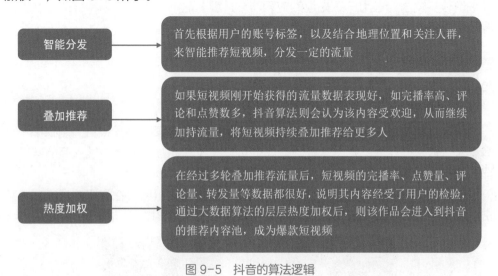

图9-5　抖音的算法逻辑

2. 吸引受众

人都是趋利的，当看到对自己有益处的东西时，人们往往都会表现出极大的兴趣。抖音电商运营者可以借助这一点，通过抛出一定的诱饵来达到吸引目标受众目光的目的。

3. 添加话题

话题就相当于是视频的一个标签。部分抖音用户在查看一个视频时，会将关注的重点放在查看视频添加的话题上，还有部分抖音用户在查看视频时，会直接搜索关键词或话题。因此，如果抖音电商运营者能够在视频的文字内容中添加一些话题，便能起到不错的引流作用。在作者看来，抖音电商运营者在视频中添加话题时可以重点把握如下两个技巧。

（1）尽可能多地加入一些与视频中商品相关的话题，如果可以的话，可以在话题中指出商品的特定使用人群，增强营销的针对性。

（2）尽可能以推荐的口吻编写话题，让抖音用户觉得你不只是在推销商品，而是在向他们推荐实用的好物。

4. 多发内容

抖音用户为什么要关注你，成为你的粉丝？除了账号中相关人员的个人魅力之外，一个很重要的原因就是抖音用户可以从你的账号中获得他们感兴趣的内容。当然，部分粉丝关注你的账号之后，可能会时不时地查看账号内的内容。

如果你的账号内很久都不更新内容，他们可能会因为看不到新的内容，或者认为该账号的内容对他来说价值越来越低，因而选择取消关注。因此，对于抖音运营者来说，多发送一些用户感兴趣的内容非常关键。这不仅可以增强粉丝的黏性，还能吸引更多抖音用户成为你的粉丝。

▶ 087 抖音基础变现

抖音基础变现主要包括 3 个部分，即商品橱窗、视频购物车和直播购物车。抖音账号运营者开通商品橱窗功能之后，便可以在抖音视频和直播中插入商品链接。那么如何在抖音平台开通商品分享功能呢？具体操作步骤如下。

步骤 01 进入抖音 App 的"我"界面，点击█按钮后，在弹出的选项栏中点击"创作者服务中心"按钮，进入"创作者服务中心"界面，如图 9-6 所示。

图 9-6　进入"创作者服务中心"界面

步骤 02 点击界面中的"商品橱窗"按钮，进入"商品橱窗"界面，点击界面中的"商品分享权限"按钮，进入"商品分享功能申请"界面，如图9-7所示。

图9-7　进入"商品分享功能申请"界面

步骤 03 操作完成后，还需先实名认证，点击"认证"按钮，进入"实名认证"界面，在界面中输入相关信息，完成认证，如图9-8所示。

图9-8　完成认证

步骤 04 操作完成后进入资料填写界面，在该界面中输入手机号、微信号和所卖商品类目等信息，点击"提交"按钮后会跳转到"审核中"界面，如图9-9所示。

图 9-9　填写资料后提交申请

　　如果审核通过，短视频账号便可使用商品分享功能。开通商品分享功能之后，抖音账号运营者还可以直接使用购物车功能。例如，当你准备发送短视频时，会发现视频"发布"界面中出现一个"添加商品"选项。

　　抖音账号运营者可进入"添加商品"界面，选择合适商品后，点击"添加"按钮，将商品链接添加至视频中，返回"发布"界面后，抖音账号运营者只需点击界面中的"发布"按钮，就可以发布带有购物车的短视频，如图 9-10 所示。

图 9-10　发布带有购物车的短视频

　　短视频账号运营者开通商品分享功能后，到底如何实现变现呢？下面就来分别进行说明。

1. 商品橱窗变现

当一个抖音号开通商品橱窗功能之后，抖音运营者便可以把商品橱窗当成一个集中展示商品的地方，把想要销售的商品都添加到商品橱窗中。图9-11所示为抖音平台的商品橱窗。

图9-11　商品橱窗变现

抖音用户可以进入抖音号的商品橱窗界面，从而了解和购买商品。而当抖音用户购买商品之后，抖音账号运营者就实现了变现。如果抖音账号运营得好，每日查看商品橱窗的用户流量还是很可观的。

2. 赚取佣金变现

开设自己的店铺不仅需要一定的成本，还需要花费大量的时间和精力进行管理。因此，大多数抖音运营者可能并不具有通过自营店铺变现的条件。于是，抖音平台特意打造了佣金变现模式，让没有自营店铺的运营者也能轻松变现。

例如，在给商品橱窗添加商品时，抖音运营者可以看到每件商品中有"赚XX"的字样，抖音运营者可以添加该商品到商品购物车，如果用户通过这个链接购买东西，抖音运营者就能获得一些佣金收入。

另外，抖音运营者还可以点击"添加商品"界面中的"佣金率"按钮，根据商品的佣金率选择商品进行添加，如图9-12所示。

图 9-12　赚取佣金变现

3. 自营店铺变现

抖音电商运营者可以自己开设一个抖音小店，或者将自己网店中的商品添加至抖音视频、直播中，通过自营店铺来进行变现。

例如，将自己店铺中的商品添加至抖音视频时，视频中就会出现一个购物车链接，抖音用户只需点击该链接，便可进入对应界面购买商品，而抖音运营者便可以借此实现变现，如图 9-13 所示。

图 9-13　自营店铺变现

▶ 088 抖音延伸变现

除了商品橱窗、赚取佣金和自营店铺之外，抖音电商运营者还需要借助一些其他的功能，让抖音电商内容更丰富，得到更广泛的推广，比如抖音小店变现和抖音小程序变现。

1. 抖音小店变现

抖音小店是抖音短视频平台的一个重要功能，同时，也是无数商家的带货新平台。抖音账号运营者入驻抖音小店之后，可以将抖音小店的商品添加至短视频和直播中，抖音用户只需点击对应的商品链接，便可以在抖音短视频平台中完成商品的购买，而无须跳转至其他平台，这无疑可让商品的购买变得更加便利。

1）开店测试

如果抖音运营者虽有开设抖音小店的想法，但又不确定哪种开店方式更适合自己，那么，抖音运营者可以先做一个开店测试，然后根据测试结果选择相对合适的开店方式。抖音 App 中为抖音账号运营者提供了开店测试的内容，如图 9-14 所示。

图 9-14 开店测试的内容

抖音运营者可以通过 10 个问题的回答，得出具体的测试结果，然后根据测试结果选择属于自己的开店方式。

2）招商标准

抖音小店并不是说入驻就能入驻的，抖音账号运营者必须满足一定的要求，才可通过招商入驻抖音小店。具体来说，抖音小店的招商入驻要求如图 9-15 所示。

招商入驻要求

1. 必须为企业资质，不接受个人及个体工商户；

2. 售卖商品包含在招商类目范围内，且具备对应资质；

3. 开店公司注册资本高于10万（包含10万）；

4. 开店公司经营范围及经营时间在营业执照规定经营范围内；

5. 如经营进口商品，进口品牌需提供国内商标注册证、报关单、和检验检疫合格证明；

6. 商品必须符合法律及行业标准的质量要求；

7. 缴纳10000元保证金。

品牌授权书

1. 合作方为经销商或代理商的请提供品牌方开出的各级授权书，或正规采购合同及进货发票，保证授权链条完整；

2. 商标持有人为个人注册的，需要注册人开具商标授权书给合作方公司，并提供个人身份证签字；

3. 授权书约定的销售范围无限制或者明确说明可以在'放心购平台'销售，并且授权书的授权时间在有效期内。

质检报告

每个品牌须提供一份由权威质检机构出具的最近2年内的质检报告，或者有效期内的3C认证证书

图 9-15　抖音小店招商入驻要求

当然，抖音账号运营者需要注意的是，入驻的店铺类别不同，需要提供的资料和满足的要求也会有所不同。

抖音运营者只需根据该需求提供对应的资料即可。只要满足了要求，通过抖音官方的相关审核，抖音运营者便可以入驻对应的抖音小店。图 9-16 所示为店铺的类别说明。

店铺类别

旗舰店-提供自有品牌商标注册证

（1）商家以自有品牌（商标为R或TM状态），或由权利人独占性授权，入驻放心购开设的店铺。

（2）经营一个自有品牌商品的旗舰店

（3）经营多个自有品牌商品且各品牌归同一实际控制人

专卖店-他人商标注册证+授权文件

（1）商家持他人品牌（商标为R或TM状态）和授权文件在放心购开设的店铺

（2）经营一个授权销售品牌商品的专卖店

（3）经营多个授权销售品牌的商品且各品牌归同一实际控制人的专卖店

专营店-他人商标注册证+授权文件

经营同一经营大类下两个及以上他人或自有品牌（商标为R或TM状态）商品的店铺。

图 9-16　店铺的类别说明

3）入驻标准

其他平台店铺（比如京东店铺和淘宝店铺等）要想运营抖音小店，也不是说想入驻就能入驻的，必须满足一些标准和条件，抖音账号运营者的店铺只有达到了这些标准，才可以通过抖音官方的审核，并获得入驻抖音小店的资质，如图9-17所示。

1.资质齐全，有淘宝、天猫或京东第三方平台的店铺

淘宝店铺需要满足条件：

店铺开店半年以上

店铺等级一钻以上

淘宝店铺评分（DSR）符合「店铺DSR规则」

天猫店铺需要满足条件：

开店半年以上

天猫店铺评分（DSR）符合「店铺DSR规则」

京东店铺需要满足条件：

开店半年以上

店铺星级3星以上

京东店铺风向标（用户评价、物流履约、售后服务大于

等于9.1）

店铺DSR规则：

类目	描述评分	服务评分	物流评分
男装	不低于4.7	不低于4.7	不低于4.7
女装	不低于4.7	不低于4.7	不低于4.7
鞋靴箱包	不低于4.7	不低于4.7	不低于4.7
服饰配件	不低于4.7	不低于4.7	不低于4.7
食品	不低于4.7	不低于4.7	不低于4.7
美妆个护	不低于4.7	不低于4.7	不低于4.7
母婴	不低于4.7	不低于4.7	不低于4.7
教育	不低于4.7	不低于4.7	不低于4.7
其他类目	不低于行业平均值	不低于4.7	不低于4.7

2.资质齐全，抖音账号粉丝大于等于30万。

（校验的是注册店铺账号的粉丝情况）

图 9-17　店铺入驻标准

2. 抖音小程序变现

抖音小程序是抖音平台的一个重要功能，同时也是一个抖音短视频延伸变现的工具。抖音账号运营者只需开发一个抖音小程序，便相当于是在抖音上增加了一个变现的渠道。在抖音中，主要为抖音小程序提供了 5 个入口，这也为抖音小程序变现提供了更多的变现机会。

1）视频播放界面

抖音运营者如果已经拥有了自己的抖音小程序，便可以在视频播放界面中插入抖音小程序链接，抖音用户只需点击该链接，便可以直接进入对应的链接位置。图 9-18 所示为通过链接跳转到购票界面。

点击

图 9-18　视频播放界面中的抖音小程序入口

2）视频评价界面

除了在视频播放界面中直接插入抖音小程序链接之外，抖音电商运营者也可在视频评价界面中提供抖音小程序的入口。

例如，在抖音号"小米有品"发布的部分短视频中，抖音用户点击⬤按钮，进入其视频评价界面，便可看到评价界面上方的小程序链接，抖音用户只需点击该链接，便可进入抖音小程序的对应位置，如图9-19所示。

图9-19　视频评价界面中的抖音小程序入口

3）个人主页界面

个人主页界面中，同样也可插入抖音小程序链接。例如，在抖音号"贝贝粒小程序"的个人主页中，就有一个带有抖音小程序的链接，抖音用户点击该链接，便可直接进入其抖音小程序。

4）最近使用的小程序

如果抖音用户近期使用过某些抖音小程序，那么这些小程序就会在最近使用的小程序中出现。抖音用户只需点击抖音小程序所在的位置，便可直接进入其对应的抖音小程序界面。

5）综合搜索界面

相比于去视频播放界面、视频评价界面和个人主页界面中逐一查找，很多抖音用户可能更习惯于直接搜索小程序。

抖音账号运营者可以在抖音中放置抖音小程序的链接，而抖音用户点击链接便可进入小程序，在小程序中购买商品实现变现。具体来说，抖音小程序注册的操作步骤如下。

步骤 01 进入字节跳动小程序开发者平台的默认界面，点击界面右上方的"快捷登录"按钮。操作完成后，弹出"快捷登录"对话框，在对话框中输入手机号和验证码；点击"登录"按钮，如图9-20所示。

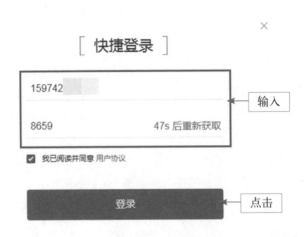

图9-20　信息填写界面

步骤 02 操作完成后，进入"设置用户名"界面，在该界面中输入小程序开发者用户名，点击"确认"按钮。

步骤 03 执行该操作后，进入"申请创建"界面，点击界面中的"申请"按钮，如图9-21所示。

图9-21　"申请创建"界面

步骤 04 进入申请资料填写界面，在该界面中填写相关信息，并点击界面下方的"申请"按钮，如图9-22所示。

图 9-22　申请资料填写界面

申请提交之后，只需等待审核即可。审核通过之后，抖音运营者便可完成抖音小程序的注册。

第10章

快手平台：
新手也能够成为网红

学前提示

　　随着移动互联网的不断发展，逐渐带火了一批短视频手机应用，其中快手便是火遍大江南北的佼佼者，那么对于一个快手运营者而言，如何运营好快手短视频账号，这是摆在运营者眼前的一个难题。

要点展示

- ▶ 快手平台分析
- ▶ 快手用户了解
- ▶ 快手营销手段
- ▶ 快手内部引流
- ▶ 快手直播变现
- ▶ 快手变现细节

▶ 089 快手平台分析

我们要真正深入了解一个人，一般要先清楚他的时代背景和经历，正如《孟子》中所说："颂其诗，读其书，不知其人，可乎？是以论其世也。"我们要想真正了解快手，就得先了解快手的前世今生，还有它的定位特色。

1. 快手前世

2011 年的时候，快手还叫"GIF 快手"，只是一款制作和分享 GIF 动态图的工具。2013 年 7 月，"GIF 快手"从工具类应用转型为短视频类应用，改名"快手"，名称沿用至今。快手算是最早扎根于短视频分享的 App，一时风头无两。

那时候，与快手平分半壁江山的抖音还没有创建，美拍与小咖秀这些短视频还在一二线抢夺市场，而快手创始人却走不同寻常的道路，挖掘下沉市场，将"快手"这个产品贴近三四线城市的草根，并为他们量身定做。

2. 快手今生

2016 年，一篇名为《残酷底层物语，一个视频软件的中国农村》的文章在网络走红，文章中不仅披露了快手存在低俗、猎奇内容，还指出了城乡二元尖锐对立的局面。

2018 年，快手又遭受央视的批评，随后其创始人发文表示"接受批评，重整前行"进行道歉，并对快手进行改革，加入很多正能量内容。快手推出"快手营销平台"，以社交为中心，整合快接单、快享计划、快手小店等内容和功能。

至此，快手正式迈入 2.0 时代。为了摆脱扁平化桎梏和加速商业化进程，各大电商开始造节，阿里造"双十一"，京东造"618"，苏宁造"818"……在这种情形下，2018 年 11 月 6 日，快手推出首届电商节，至此快手完成商业化布局，正式开启商业变现的旅程。

3. 快手定位

虽然同为短视频应用，但是快手和抖音的定位完全不一样。抖音的红火靠的就是马太效应——强者恒强，弱者愈弱。就是说，在抖音上本身流量就大的网红和明星可以通过官方支持获得更多的流量和曝光，而对于普通用户而言，获得推荐和上热门的机会就少得多。

快手的创始人之一宿华曾表示："我就想做一个普通人都能平等记录的好产品。"这恰好就是快手这个产品的核心逻辑。抖音靠的是流量为王，而快手是即使损失一部分流量，也要让用户获得平等推荐的机会。

4. 平台特色

与其他平台相比，快手有着它自己的一些特色，下面我们选取其中两项来说明。

1）屏幕显示设置

进入快手短视频 App 之后，系统会默认以"大屏模式"显示视频内容，这种显示模式让用户浏览短视频的体验感受进一步提升，如图 10-1 所示。

图 10-1　大屏显示模式

2）青少年模式

孩子自制力比较差，容易玩快手时间过长，父母可以通过快手 App 的青少年模式设置，对孩子这种行为进行适当控制。图 10-2 所示为模式开启前后的主页区别。

图 10-2　青少年模式开启前后的主页区别

开启快手青少年模式后，快手平台会对手机 App 进行限制。每天使用时间不超过 40 分钟，晚上 10 点至早上 6 点无法使用快手；无法进行打赏、充值等操作；无法进行直播。不过，可以观看快手 App 里空中课堂的 K12 名师优质课程。

▶ 090 快手用户了解

值得快手运营者注意的是，快手的月活跃用户数都在长期稳步增长。2017 年初，快手月活跃用户突破两亿。而且截至 2020 年 3 月，快手短视频月活跃用户遥遥领先，除抖音外的短视频软件都难以望其项背，如图 10-3 所示。

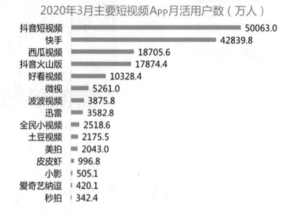

2020年3月主要短视频App月活用户数（万人）

App	月活用户数（万人）
抖音短视频	50063.0
快手	42839.8
西瓜视频	18705.6
抖音火山版	17874.4
好看视频	10328.4
微视	5261.0
波波视频	3875.8
迅雷	3582.8
全民小视频	2518.6
土豆视频	2175.5
美拍	2043.0
皮皮虾	996.8
小影	505.1
爱奇艺纳逗	420.1
秒拍	342.4

图 10-3　快手和其他热门短视频软件的月活跃用户对比

可以肯定的是衡量一款产品用户黏性的重要指标时，其中 DAU（日活跃用户）/MAU（月活跃用户）是不可或缺的，在沉浸度相对较高的游戏行业，这一比值通常可达到 0.3 ～ 0.6。图 10-4 所示为快手和抖音 DAU/MAU 对比。

属性	产品		不去重日活/万	DAU/MAU
媒介信息	长视频	爱奇艺、腾讯视频、优酷	28417.28	20%左右
	短视频	抖音、快手	43734.79	超过50%
	新闻媒体	今日头条、微博	28913.20	超过40%
电商	手机淘宝、拼多多		42619.87	40%左右
社交	微信、QQ		111723.23	80%、50%
工具	搜狗输入法、百度输入法；支付宝；百度；WiFi万能钥匙		123533.01	70%；40%；30%；30%

图 10-4　快手和抖音的 DAU/MAU 对比

截至 2020 年初，快手和抖音目前的 DAU/MAU 均已达到 0.5，即两者的月活用户中，平均每人每月有 15 天（30 天 ×0.5）会使用快手和抖音，这是很可观的用户黏性表现了。2018 年 4 月，抖音用户量一举超越快手，成为中国第一大短视频平台。2019 年，抖音用户日活量全面超过快手，如图 10-5 所示。

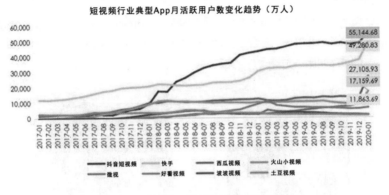

图 10-5　抖音、快手用户的日活量对比

2020 年春节前，快手日活量为 3 亿，而后来居上的抖音以 4 亿的日活量远远超过了快手，如图 10-6 所示。

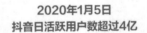

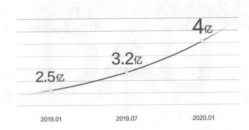

图 10-6　2019—2020 年抖音日活量曲线图

不过，值得快手运营者注意的是，快手的日活量虽然没有抖音那么高，但是它的流量红利依然存在。

▶ 091　快手营销手段

快手运营者如果想要运营好自己的快手号，可以从熟悉功能、精准推送、掐好时间、加强互动、质量至上、遵守条例这 6 个方面进行尝试。

1. 熟悉功能

运营者熟悉快手的主要功能，以及它发挥出的作用，有利于日后的运营，以及引流、变现工作的展开。

1）"同城"界面

打开快手后你会发现，快手的"同城"界面采用的是双列 feed 瀑布流的方式。feed 流即持续更新并呈现给用户内容的信息流，双列 feed 瀑布流可以让用户很直观地预览界面的短视频，如图 10-7 所示。

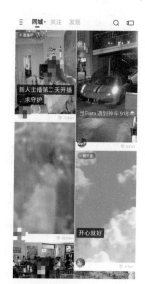

图 10-7　双列 feed 瀑布流展现短视频

"同城"指的就是显示同一区域附近的人发的视频与直播的界面，因此，快手运营者想要提高自己视频的曝光量，发视频时建议定位在人流量比较多的地方，比如定位在热门商圈、社区和大学附近。

2）"发现"界面

"发现"界面和抖音一样，它采用的是上下翻页的方式，快手用户可以通过不断上下滑动短视频来查看热门内容。

3）"关注"界面

快手"关注"页面展示的是用户所关注的快手号发布的短视频，而且快手系统会默认把相同类型的快手号也推送给用户，引导用户进行关注。

4）"群聊"功能

快手社交属性要强于其他短视频软件，比如快手搜索内容后展示的"群聊"功能，可以帮助运营者进一步增加粉丝互动和黏性。图 10-8 所示为快手搜索内容后的相关群展示。

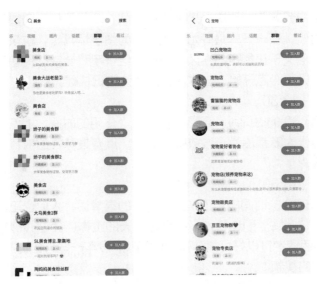

图 10-8　快手搜索内容后的相关群展示

2. 精准推送

从内容消费角度来说，快手的核心主要包括两项：内容和人。

1）内容

目前为止，机器的 OCR 技术虽然可以识别和读取图片，但是还没有那么准确。换句话说，快手若单纯靠算法来读取视频内容，以判断它将来是否受欢迎，这种方法至少现在还不现实。

因此，快手的算法是模糊性读取并将视频分成很多类，然后推送给部分快手用户。接着，快手会接收到来自点赞、评论区等多个角度的反馈，算法根据反馈分析，进一步扩大视频的传播度。如果该视频传播得够快，那么算法会随机挑选一些视频放入快手的"发现"界面。

2）人

不仅人与人之间需要时间来互相熟悉，连机器也需要时间来了解一个人。在你刚注册快手时，快手算法结合用户观看行为和内容，进而推荐更多类似的视频。

当然，一个用户拥有的特征越多，算法推荐的视频结果则越精准。从这个层面来说，快手算法需要大量的用户记录和习惯，以建立算法模型，为用户实现精准推荐。

3. 掐好时间

要想在快手做营销，我们要合理地抓住用户刷快手的时间，这样才能在关键的时候发挥信息的作用。以下为发布快手视频的最佳时间。

1）7:00～9:00

7:00～9:00 的时间段，正好是用户起床、吃早餐的时候，有的用户正在上班的路上，很多用户都喜欢利用这些碎片化的时间，拿起手机刷刷快手之类的短视频软件。而这个时候，在一天的最开始时间，作为快手运营者，应该敏锐地抓住这个黄金时间，发一些关于正能量的视频或说说，给快手"老铁"传递正能量，让大家一天的好精神从阳光心态开始，这样最容易让大家记住你。

2）12:30 ～ 13:30

12:30 ～ 13:30 的时间段，正是人们吃饭、休闲的时间，上午上了半天班，有些辛苦，这个时候大家都想看一些放松、搞笑、具有趣味性的内容，为枯燥的工作添加几许生活色彩。

3）17:30 ～ 18:30

17:30 ～ 18:30 的时间段，正是人们下班的高峰期，人们也正在回家的路上，用手机刷快手的"老铁"们也特别多，经过一天的工作，疲惫心情需要通过手机来排减，此时快手运营者可以好好抓住这个时间段，发布一些与自己产品相关的内容，或者发一些引流的视频。

4）20:30 ～ 22:30

20:30 ～ 22:30 的时间段，人们都吃完饭了，有的躺在沙发上看电视，有的躺在床上休息，大家的心情是比较恬静的，睡前刷快手短视频可能已经成了某些年轻人的生活习惯。所以，这个时候选择发一些情感的内容，最容易打动你的粉丝。

4. 加强互动

平时快手刷得多的用户能够发现这样一个问题，快手视频运营者基本不在评论区互动。不管是偏向秀场的抖音，还是偏向生活记录的快手，用户其实是喜欢被尊重的。所以快手运营者应秉持这个理念，并将这个理念贯彻，用心去回复评论，以增强用户的黏性，提高带货能力。

5. 质量至上

在运营快手时，如果你自己能够生产出足够优质的内容，也可以快速吸引到用户的目光。快手运营者可以通过为受众持续性地生产高价值的内容，从而在用户心中建立权威，加强他们对你的信任度和忠诚度。快手运营者在自己生产内容时，可以运用以下技巧，轻松打造持续性的优质内容。

（1）做自己真正喜欢和感兴趣的领域。

（2）做更垂直、更差异的内容，避免同质化内容。

（3）多看热门推荐的内容，多思考总结他们的亮点。

（4）尽量做原创的内容，最好不要直接搬运。

6. 遵守条例

为了营造良好的平台氛围，快手官方积极鼓励用户发布正能量的短视频内容，坚决严厉打击违法违纪的短视频内容。图 10-9 所示为《快手社区管理规定（试行）》

中列出的部分违规内容。

图 10-9 《快手社区管理规定（试行）》部分内容

因此，快手运营者要保持快手账号的良好记录，不要违反快手官方的条例，比如发布色情或者快手禁止的内容。

092 快手内部引流

快手短视频自媒体已经是发展的一个大趋势，影响力日益增大，其平台用户也越来越多。对于快手这个聚集大量流量的地方，快手运营者肯定是不可能会放弃的。那么，快手运营者又该怎样在快手平台引流呢？

1. 标签引流

话题标签引流，这种方式抖音和快手都有，它最大的作用是开发商业化产品，快手平台运用了"模仿"这一运营逻辑，实现了品牌最大化的营销诉求。

当然，参加话题挑战的关键就在于找到合适的话题。那么如何找到合适的话题呢？作者个人认为有 3 种方法。

1）从热门内容中选择话题

快手运营者进入快手搜索界面，点击"话题榜"按钮，就可以查看快手热门的话题，如图 10-10 所示。

图 10-10　查看快手热门的话题

　　进入话题后，就会出现与该话题相关的热门短视频，快手运营者可以点击进入查看，了解相关话题的短视频内容，如图 10-11 所示。

图 10-11　查看热门话题的短视频

　　快手运营者可以根据该话题中相关短视频内容总结经验，然后打造带有热门话题标签的视频，从而提高自身内容的吸引力，增强内容的引流推广能力。

　　2）在刷视频的过程中选择话题

　　有的视频中会带有话题标签，快手运营者如果想打造相关视频，只需点击对应的话题标签即可。

例如，在快手评论区中点击"王者荣耀"话题标签，便可进入"王者荣耀"话题界面，如图 10-12 所示。

图 10-12 "王者荣耀"话题界面

3）参与快手挑战赛

从数据来看，参加快手挑战赛的引流营销模式是非常可观的，但是参加快手挑战赛需要注意一些规则。在挑战赛中，快手运营者越少露出品牌，越贴近日常挑战内容话题文案，播放量越可观。

对于快手运营者而言，首发视频可模仿性越容易，全民的参与度才会越高，才能更轻松地引流。

快手参加挑战赛，快手的信息流会为品牌方提供更多的曝光，带去更多的流量，还可以通过流量累积粉丝、沉淀粉丝并更容易被用户接受，实现附加价值。

2. 矩阵引流

快手矩阵是指通过同时做不同的账号运营，来打造一个稳定的粉丝流量池。道理很简单，将自己的内容进行分类，将同一风格、不同内容的视频组建成不同账号，通过账号之间互动来达到引流吸粉的目的。快手矩阵的好处很多，主要有以下 5 个方面。

（1）展现品牌。首先可以全方位地展现品牌特点，扩大影响力。

（2）内部引流。可以形成链式传播来进行内部引流，大幅度提升粉丝数量。

（3）团队管理高效便捷。通过矩阵账号，分工合作明显，提高团队运营、管理和激励的效率。

（4）宣传激励和扶持。主账号可以根据其他号及其作品表现，打通粉丝头条和 DSP 投放，挑选优秀内容进行定向扶持。

（5）广告投放。可以完善账号广告投放链条，互相影响，加速快手视频和广告的传播。

3. 互推引流

通过爆款大号互推的方法，即快手账号之间进行互推，也就是两个或者两个以上的快手运营者双方或者多方之间达成协议，进行粉丝互推，达到共赢的目的。

相信大家在很多的快手账号中，曾见到过某一个快手账号会专门拍一个视频给一个或者几个快手账号进行推广的情况，这种推广就算得上是快手账号互推。这两个或者多个快手账号的运营者会约定好有偿或者无偿为对方进行推广。

运营者在采用快手账号互推吸粉引流的时候，需要注意的一点是，找的互推快手账号平台类型尽量不要跟自己的平台是一个类型的，否则运营者之间会存在一定的竞争关系。

两个互推的快手账号之间尽量以存在互补性的最好。举个例子，你的快手账号是卖健身用品的，那么你选择互推时，就应该先考虑找那些推送减肥教程的快手账号，这样获得的粉丝才是有价值的。

快手账号之间互推是一种快速涨粉的方法，它能够帮助运营者的快手账号短时间内获得大量的粉丝，效果十分可观。

4. 直播引流

在互联网商业时代，流量是所有商业项目生存的根本，谁可以用最少的时间获得更高、更有价值的流量，谁就有更大的变现机会。

对于快手运营者而言，真人出镜的要求会比较高，首先你需要克服心理压力，表情要自然和谐，同时最好有超高的颜值或才艺基础。因此，真人出镜通常适合一些快手"大 V"打造真人 IP，积累一定粉丝数量后，就可以通过接广告、代言来实现 IP 变现。

对于一般的快手运营者，在通过短视频或直播引流时，也可以采用"无人物出镜"的内容形式。这种方式的粉丝增长速度虽然比较慢，但我们可以通过账号矩阵的方式来弥补，以量取胜。下面就来介绍"无人物出镜"的具体操作方法。

1）真实场景 + 字幕说明

快手运营者发布的直播可以通过真实场景演示和字幕说明相结合的形式，将自己的观点全面地表达出来，这种拍摄方式可以有效避免人物的出现，同时又能够将内容完全展示出来，非常接地气，自然能够得到大家的关注和点赞。

2）游戏场景 + 主播语音

大多数快手用户看游戏类直播，重点关注的可能还是游戏画面。因此，这一类直播，直接呈现游戏画面即可。另外，一个主播之所以能够吸引快手用户观看直播，除了本身过人的操作之外，语言表达也非常关键。

因此，游戏场景 + 主播语音就成为许多主播的重要直播形式。图 10-13 所示为采取游戏场景 + 主播语音的直播形式。

图 10-13　游戏场景 + 主播语音的直播形式

3）图片 + 字幕（配音）

快手运营者发布的直播都是一些关于抖音、微信、微博营销的专业知识，很多短视频作品都是采用"图片 + 字幕或配音"的内容形式。

4）图片演示 + 音频直播

在直播中通过"图片演示 + 音频直播"的内容形式，主播可以与学员实时互动交流。学员可以在上下班路上、休息间隙、睡前、地铁上、公交上，边玩 App 边听课程分享，节约学员宝贵时间，带来更好的体验，从而吸引更多用户成为你的学员。

5. 同框引流

当我们看到有趣的视频，或者看到某位知名人士发布的快手视频时，可以借助拍同款视频，借助原有视频或某位知名人士进行引流。所谓拍同框，就是指在一个视频的基础上，再拍摄另一个视频，然后这两个视频会分别在屏幕的左右两侧同时呈现，如图 10-14 所示。

6. 同款引流

快手短视频平台中的同款视频，实际上是指拍同款背景音乐的短视频，快手运营者可以点击"我要拍"来打造同款短视频，如图 10-15 所示。

图 10-14　同框短视频

图 10-15　同款短视频

▶ 093　快手直播变现

在当下互联网时代，主播这个行业门槛低、变现快，没有固定的时间，很多人开始入驻各种 App 直播。在快手上，不乏专业团队包装和运营的职业主播，也有不少跃跃欲试、缺少经验的快手运营者。那么，对于这些直播新玩家而言，他们又通过哪些方式在这个竞争激烈的行业中占有一席之地，获取流量并变现呢？

1. 直播礼物

大多数直播都只是一种娱乐，在很多人看来就是在玩。但你必须承认的是，只要主播能力强，玩得转，玩着就能把钱给赚了。因为主播们可以通过直播，获得粉丝的打赏，而打赏的这些虚拟礼物又可以直接兑换成钱。

大多数短视频平台的礼物都需要花钱购买，快手却有一些不同。快手用户可以点击直播间的百宝箱，在"每日百宝箱"对话框中领取对应的快币。在快手用户领取快币之后，主播可以用才华或技巧引导用户，让他将快币兑换成猫粮送给主播，从而提高直播间的热度。图10-16所示为免费领取快币和兑换礼物。

图10-16　免费领取快币和兑换礼物

2. 直播卖货

快手视频直播中插入商品信息来卖货是直播变现最常见的套路。一般来说，主播都会在直播间插入一些商品，通过直播卖货来获取收益。如果直播间插入了商品，下方都会出现🛒按钮，点击🛒按钮就会出现产品橱窗，如图10-17所示。

主播会根据自身的定位和条件在直播间添加商品，比如定位为服装行业的快手账号添加的商品是服装商品。因此，该快手账号不仅能卖出大量的服装商品，还能吸引一大批喜爱服装的粉丝，如图10-18所示。

图 10-17　带货直播间

图 10-18　某账号的服装商品

　　对于网红主播而言，他们通常会和厂家进行合作，以最低的价格买进商品，从而他们的商品在性价比上形成压倒性的优势。此外，还有一些快手号本身就是知名品牌，他们直播带货的商品都是自家的。图 10-19 所示为"森马"快手号的带货预告。

图 10-19 "森马"快手号的带货预告

在直播卖货时，主播需要遵循一定的原则，具体如下。

1）热情主动

同样的商品，为什么有的主播卖不动，有的主播简单几句话就能获得大量订单？当然，这可能与主播自身的流量有一定的关系，但即便是流量差不多的主播，同样的商品销量也可能会出现较大的差距。这很可能与主播的态度有一定的关系。

如果主播热情主动地与快手用户沟通，让快手用户觉得像朋友一样亲切，那么快手用户自然会愿意为主播买单；反之，如果主播对快手用户爱答不理，让快手用户觉得自己被忽视了，那么快手用户可能连直播都不太想看，也就更不用说去购买直播中的产品了。

2）保持一定频率

俗话说得好："习惯成自然"。如果主播能够保持一定的直播的频率，那么忠实的快手用户便会养成定期观看的习惯。这样主播将获得越来越多的忠实快手用户，而快手用户贡献的购买力自然也会变得越来越强。

3）为用户谋利

每个人都会考虑到自身的利益，快手用户也是如此。如果主播能够为快手用户谋利，那么快手用户就会支持你，为你贡献购买力。

例如，某主播曾经因为某品牌给他的产品价格不是最低，让粉丝买贵了，于是就向粉丝道歉，并让粉丝退货。此后更主动停止了与该品牌的合作。虽然某主播此举让自己蒙受了一定的损失，却让粉丝们看到了他在为粉丝们谋利。于是，他之后的直播获得了更多粉丝的支持。

当然，为快手用户谋利并不是一味地损失主播自身的利益，而是在不过分损失自身利益的情况下，让快手用户以更加优惠的价格购买产品，让快手用户看到你也在为他们考虑。

此外，直播卖货不只是将产品挂上链接，并将产品展示给快手用户，而是通过一定的技巧，提高快手用户的购买欲望。那么，直播卖货有哪些技巧呢？主播们可以从以下 3 个方面进行考虑，如图 10-20 所示。

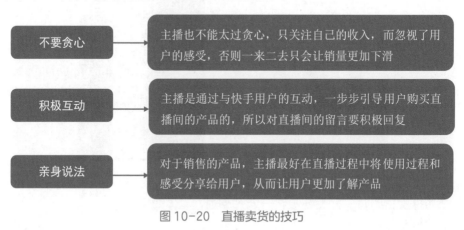

不要贪心	主播也不能太过贪心，只关注自己的收入，而忽视了用户的感受，否则一来二去只会让销量更加下滑
积极互动	主播是通过与快手用户的互动，一步步引导用户购买直播间的产品的，所以对直播间的留言要积极回复
亲身说法	对于销售的产品，主播最好在直播过程中将使用过程和感受分享给用户，从而让用户更加了解产品

图 10-20　直播卖货的技巧

▶ 094　快手变现细节

在快手变现上，快手运营者还需要注意一些细节问题，以下细节是综合笔者自身经验进行总结的。

1. 变现分析

在做快手变现时，快手运营者需要对变现的相关内容做好必要的分析。具体来说，需要做好以下 3 个方面的分析。

1）是什么

快手运营者需要明确自己能够实现变现的东西是什么。只有明确了变现的产品或服务，才能针对性地进行营销和推广，进而在增强营销效果的同时，让自己的快手变现之路走得更加通顺。

2）为什么

快手账号在借助产品和服务变现时，需要思考快手用户为什么要购买你的产品和服务。是因为你的产品质量好，还是服务水平高？抑或是你的产品和服务具有稀缺性？无论如何，快手运营者需要站在快手用户的角度思考——什么样的产品和服务才是值得购买的。

3）怎么样

要想实现变现，有一个问题一定绕不过，那就是怎么样进行变现。快手变现的方法有很多，每种变现方法的效果不尽相同，而快手运营者需要做的就是选择适合自己的变现方式。当然，快手运营者也不必把全部身心放在同一种变现方式上。因为在大多数情况下，同时使用多种快手变现方式也是不冲突的。

比如，同样是通过产品变现，快手运营者既可以通过视频购物车变现，也可以通过快手小店变现，还可以通过直播销售变现。

2. 提高成效

复盘是变现过程中必须做的一件事，因为在变现的过程中可能会出现各种问题，而复盘则可以发现问题，并据此寻找解决问题的方法，从而提高变现的成效。

许多快手运营者在做复盘时，可能会因为自己身在其中而找不到问题的所在。此时，便可以参考身为旁观者的快手用户的意见。

例如，某位快手运营者在短视频中展示自己身上的服饰，但是该运营者喜欢开短视频特效，很多用户无法看到该服饰的真实效果，于是纷纷在评论区说出了自己的想法，如图 10-21 所示。

图 10-21　快手用户的评论

其实，这其中大部分快手用户的意见还是比较中肯的，也说到了该快手运营者直播卖货效果不佳的原因。如果该快手运营者根据快手用户的意见进行调整，让自己销售的产品更合快手用户的心意，那么变现的成效自然会得到提高。

3. 购买理由

随着各大电商平台的快速发展和快递网络的日益完善，网购成为许多人购物时的主要选择。虽然网购非常便利，但在网购的过程中也容易出现一些问题，比如，产品在运输过程中被损坏、实物与营销图片有差距、发货速度太慢等。

因此，人们在选择网购时会变得更加理性一些，如果你的产品和服务，尤其是实物类产品没有一个具有吸引力的点，人们可能就不会下单购买。而快手作为一个线上平台，快手运营者的变现行为也主要集中在线上。所以，快手运营者需要从产品和服务出发，给快手用户一个购买的理由。

当然，每种产品和服务可以给出的购买理由不尽相同，快手运营者需要做的就是根据产品的特性和快手用户的需求来给出购买理由。例如，对于比较在意产品价格的快手用户，这个购买理由可以是"一件也是批发价"。而对于新鲜度比较重要的生鲜类产品，这个购买理由则可以是"原产地发货"。

4. 坚持到底

做什么事都不可能一蹴而就，快手变现也是如此。刚做快手运营时，很难获得比较理想的变现效果。这主要是因为此时粉丝数量比较少，发布的内容比较难获得快手用户的广泛关注。在这种情况下，又怎么可能取得理想的变现效果呢？

其实，刚做快手时，粉丝数比较少是很正常的。只要快手运营者的变现方向没有错，用于变现的产品和服务也是物有所值的，那么就会有越来越多的快手用户成为你的粉丝。因此，在这种情况下，只要坚持下来，变现之路也会逐渐变得通畅起来。快手运营者不能因为短时间变现效果不佳，就直接选择放弃。

第11章

B 站平台：
极具发展前景的流量池

学前提示

　　随着抖音、快手等短视频平台大火之后，B 站被业内人士认为是最有可能破圈的一个平台。随着 B 站的飞速发展，用户的不断增多，越来越多的企业号和个人营销号开始重新认识 B 站，并入驻 B 站。

要点展示

- ▶ B 站现象趋势
- ▶ B 站社区文化
- ▶ UP 主管理机制
- ▶ B 站专栏内容
- ▶ B 站的运营技巧
- ▶ B 站推荐引流
- ▶ B 站内部变现

▶ 095　B 站现象趋势

既然"两微一抖"的新媒体概念如此火爆，也就是已经有"微博＋微信＋抖音"的三位一体全面营销，今天我们的目光为什么要投向哔哩哔哩（简称 B 站）？对于个人或企业来说，B 站的红利之处在哪里？

对于不太了解 B 站的人来说，其实 B 站已经不是当初那个定位二次元的弹幕网站了。更准确地说，B 站现在远不止于此，它现在的定位是更面向于广大年轻人的综合性文化内容社区。B 站现在每月的弹幕、评论等互动量可以达到 25 亿次，已经成为年轻人的兴趣聚集地。

下面，我们将从 B 站数据增长、Z 世代人聚集、B 站破圈推广这 3 个方面带你认识和了解 B 站平台。

➡ 1. B 站数据增长

从最近公布的 2020 年第一季度的财报来看，2020 年第一季度的 B 站又迎来了极具突破性的产品用户增长。

在本季度里，用户活跃度进一步提升。月均活跃用户达 1.72 亿，移动端月均活跃用户达 1.56 亿，同比增长分别为 70% 和 77%，日均活跃用户再创新高，至5100 万，同比增长 40%。图 11-1 所示为 2020 年第一季度 B 站用户增长量财报。

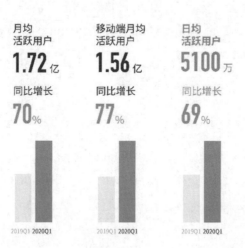

图 11-1　2020 年第一季度 B 站用户增长量财报

与此同时，和 B 站用户量齐头并进的还有 B 站用户黏度高、生态社区氛围浓厚。在该季度里，用户日均使用时长 87 分钟，环比增长 10 分钟。

日均视频播放量达 11 亿次，月均互动数达 49 亿次，分别同比增长 113% 和

260%。图 11-2 所示为 2020 年第一季度 B 站用户使用情况财报。

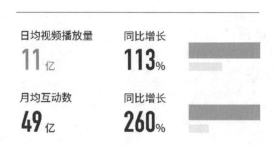

图 11-2 2020 年第一季度 B 站用户使用情况财报

还有在社区的核心群体正式会员，也就是通过社区考试的正式会员，已经达到 8200 万，同比增长 66%，并且正式会员一年之后的留存率也超过 80%。图 11-3 所示为 2020 年第一季度 B 站"正式会员数"财报。

图 11-3 2020 年第一季度 B 站"正式会员数"财报

在 2020 年的开篇，B 站就交出了一张成绩优异的答卷。B 站总营收达 23.2 亿，同比增长 69%，收入由游戏业务、增值服务业务、广告业务、电商及其他收入构成，其中游戏业务收入和非游戏业务收入各营收占比 50%。

游戏业务收入 11.5 亿，同比增长 32%；增值服务业务收入 7.9 亿，同比增长 172%；广告业务收入 2.1 亿，同比增长 90%；电商及其他收入 1.6 亿，同比增长 64%。

2. Z 世代人聚集

Z 世代这一名词是源于美国、欧洲等西方世界的流行用语。Z 世代主要指的是 1990 年到 2009 年之间出生的群体，也泛指从出生就开始接触互联网，与智能数码科技一起成长的这一代人。

根据B站官方发布的《B站2020年营销通案》，中国的Z世代人群达到3.29亿，占总人口的23%。在人口数量红利日趋减弱的现在，Z世代人作为未来主要生产力和消费力，为市场添加着活力。图11-4所示为我国Z世代人口规模。

图11-4　我国Z世代人口规模

根据相关数据显示，B站的绝大部分用户来自"Z世代"人群。在他们当中，既有追番、看剧的二次元用户，也有热衷数码科技、美食制作、美妆教程的年轻爱好者。这类人群普遍愿意去交流、互动，这也成为B站用户的中流砥柱，和UP主（上传视频者）们相互达到正相关的关系。

3. B站破圈推广

随着B站的定位改变，B站的破圈之路一直在不断进展中。在2020年4月，B站宣布获得索尼的战略投资，双方将进一步在动画、游戏等领域达成业务合作。图11-5所示为B站与索尼合作的宣传图片。

图11-5　B站与索尼合作的宣传图片

B 站的破圈之路还不止于此，它下面存在的一大群 UP 主也在不断破圈中。根据 B 站 2020 年第一季度的财报数据，B 站月均活跃 UP 主及其投稿量分别同比增长 146% 和 138%，拥有万粉以上 UP 主数量同比增长 82%。图 11-6 所示为 2020 年第一季度 B 站 UP 主数据财报。

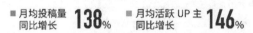

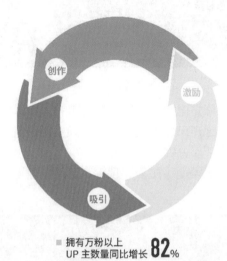

图 11-6　2020 年第一季度 B 站 UP 主数据财报

B 站通过长期以来在内容生产和生态社区等方面的不断奋斗，已经成为年轻用户生产和消费优质视频内容的首要选择。B 站在不断发展的道路上，一直加强着综合化的建设，提升着商业化的能力，从而推动营收的增长和用户量的不断拔高。

▶ 096　B 站社区文化

B 站社区文化和腾讯视频、爱奇艺视频、优酷视频都有所不同，它主要有弹幕、会员、bilibili 娘、小电视等独有特色。

➥ 1. 弹幕

弹幕是 B 站的一大特色，它指的是悬浮在视频上的实时评论区。弹幕的出现不仅提高了普通观众与视频运营者的互动参与，还增强了视频内容的趣味性。图 11-7 所示为视频播放界面弹幕的截图。

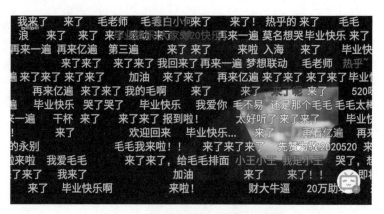

图11-7　视频播放界面弹幕的截图

B站就是通过打造弹幕文化的卖点而广为人知的，弹幕视频也逐渐成为B站尤为明显的特点。B站弹幕区还可以高度自定义，如果用户觉得弹幕过于密集，可以根据个人的喜好来智能屏蔽部分弹幕。

例如，用户可以从弹幕类型（重复、顶部、滚动、底部、彩色、高级）来屏蔽部分弹幕，如图11-8所示。

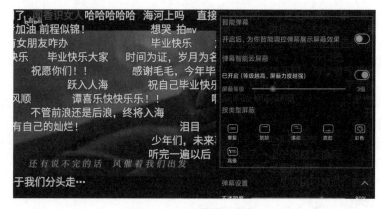

图11-8　屏蔽部分弹幕

2. 会员

B站用户主要有游客、注册会员、转正会员、大会员和年度大会员这5种身份。

（1）游客：当用户还未在B站注册账号时，其在B站浏览或观看站内视频时的身份是临时的，即为常说的游客身份。

（2）注册会员：当用户注册并使用该账号登录B站时，其初始身份就是B站的注册会员。

（3）转正会员：当注册用户通过社区答题测试之后，即可以成为转正会员。图11-9所示为B站注册会员和转正会员。

图 11-9　注册会员和转正会员

（4）大会员：当 B 站的转正用户购买 B 站推出的付费会员产品时，身份就升级成了大会员。

（5）年度大会员：当 B 站的转正用户购买 B 站推出的付费年度会员产品时，身份就升级成了年度大会员。图 11-10 所示为 B 站的大会员和年度大会员。

图 11-10　大会员与年度大会员

年度大会员在大会员的基础上享有更多福利，其享有的权益主要体现在游戏礼包、会员购、B 币券和粉色昵称上，如图 11-11 所示。

B 站 UP 主如果想要吸粉引流，可以先开通年度会员，这样不仅能让自己的账号更容易被人记住，还能享受更多权益，更好地进行引流变现。

3. bilibili 娘

2010 年 B 站发起了"bilibili 娘投票活动"，其中第 22 号和第 33 号得票数最高，因此 B 站官方卡通人物被命名为 22 和 33，如图 11-12 所示。

22 和 33 这对卡通人物是最能体现 B 站二次元风格的，我们可以从启动界面、活动、"我的"等地方看到这对卡通人物。

◆4.小电视

小电视是卡通人物22和33的宠物，它也是B站的一大特色，在视频页、进度条等很多位置我们都能看到小电视的身影，比如新注册用户的头像就是小电视。此外，小电视和22、33一样，都开发了周边产品，图11-13所示为B站小电视的形象。

图11-11　大会员和年度大会员的区别

图11-12　名为22和33的卡通人物形象

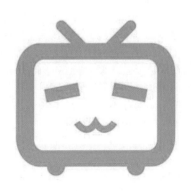

图11-13　B站小电视的形象

▶ 097　UP主管理机制

UP主，网络流行词汇，谐音也称"阿婆主"，主要是指在视频网站、论坛等平台上传视频音频文件的人。B站如今的目标是想要朝着年龄跨度更大的用户群体拓展，所以B站平台的话题和内容的多元性还需要升级，于是B站在这些年大量会聚了优秀的长视频内容生产 UP 主入驻。

如今，UP 主已经成为职业，你发的每个动态、每个视频图片，都构成了你的个人形象和品牌。B 站按照粉丝基数对 UP 主进行了划分管理，粉丝量 10 万以下的划分为底部 UP 主，粉丝量 10 万到 100 万的划分为中层 UP 主，粉丝量 100 万以上的划分为头部 UP 主。

B 站根据 UP 主的阶层，采取不同的管理和扶持方法，促使 UP 主能在 B 站更好地创作出优质的内容。

1. 底部 UP 主的管理

B 站的核心内容就是 UGC 中长视频，针对刚上手的萌新 UP 主，B 站的主要态度是给予帮助和扶持。因为普通用户刚开始生产 UGC 视频是具有一定难度的。

为了降低用户的生产门槛，提高 UP 主的生产热情，B 站在作者的"创作中心"里开设了创作学院。图 11-14 所示为 B 站创作学院界面。

图 11-14　B 站创作学院界面

UP 主可以通过创作学院系统地学习视频创作、账号运营等培训课程，还可以根据培训视频更好地为自己的账号找到定位，不断提升个人的创作力。

为了刺激新晋 UP 主群体，使之能创造出高质量的视频内容，得到更快的成长和提升，B 站还开展了"新星计划"。通过激励促使 UP 主生产出更高质量的视频内容，以优质的视频内容来获得更大的数据流量，收获更多的粉丝数量，最终让 UP 主在 B 站收获归属感和成长。

"新星计划"的参加条件是有限制的，UP 主的粉丝量需要在 5 万以下才能报名。B 站会根据投稿视频的内容质量、数据表现、观众喜爱度这 3 个方面进行筛选评比，最终会评出 100 个优秀作品。获奖作品可得到 B 站最高万元奖金和千万推广流量。图 11-15 所示为 B 站"新星计划"活动界面。

图 11-15　B 站"新星计划"活动界面

2. 头部 UP 主的管理

　　头部 UP 主作为 B 站生产内容的顶端，拥有了固定的创作模式，也拥有了稳定的粉丝基础，B 站针对头部 UP 主也会采用艺人化的运作方式。

　　B 站主要通过签约绑定合约，增加流量资本倾斜，提高头部 UP 主的上升路径，帮助其更好地实现商业变现。图 11-16 所示为 B 站 UP 主"敖厂长"和 B 站签署的 5 年合约新闻。

图 11-16　B 站 UP 主"敖厂长"和 B 站签署的 5 年合约新闻

3. UP 主的激励

　　B 站为了打造好其生态社区，对 UP 主和其在 B 站的运营尤为关心。B 站举办了"BILIBILI POWER UP 百大 UP 主"颁奖典礼，评选了各分区努力优秀的内容创作者，通过荣誉表彰来提升 UP 主的群体荣誉感和行业影响力。图 11-17 所示为"BILIBILI POWER UP 2019 年百大 UP 主"晚会宣传图片。

图 11-17　"BILIBILI POWER UP 2019 年百大 UP 主"晚会宣传图片

就算无法选入到百大 UP 主，也不用过于灰心。B 站会关注每一个 UP 主的成长，当你收获一定进步时，也会给你荣誉奖励。在 B 站获得 1 万粉丝时，会获得 B 站官方发送的一张恭贺信；在 B 站获得 10 万粉丝时，会获得一枚小银牌；在 B 站获得 100 万粉丝时，会获得一枚小金牌。图 11-18 所示为某 UP 主获得的小银牌。

图 11-18　某 UP 主获得的小银牌

得到奖牌后，有不少 UP 主对获得的奖牌都进行了视频拍摄。这份 B 站给的荣耀感，激励了很多 UP 主的内容创作。

除此之外，B 站为了更进一步地激发 UP 主的创作欲望，还安排了很多的商业变现途径，主要有创作激励、充电计划、悬赏计划和花火平台。

▶ 098　B 站专栏内容

B 站和抖音、快手的不同之处在于，抖音、快手只能发几分钟的短视频，但是 B 站除了可以发短视频，还能发长视频，甚至还能开通专栏发文章。

B 站专栏是 B 站 2017 年上线的一个板块，内容定位是通过全新的文章展示，来表达你的创作内容。图 11-19 所示为 B 站的专栏专区。

图 11-19　B 站的专栏专区

当 UP 主开通了专栏权限后，即可点击"专栏"界面右上角的 图标，进入文章编辑界面进行编辑和投稿，如图 11-20 所示。

图 11-20　专栏编辑和投稿

如果 UP 主能在专栏领域把内容做得不错，也可以起到不错的短视频账号运营效果。B 站的专栏内容方向有很多，UP 主可以往自己擅长的领域去创作。

例如，UP 主在 B 站的视频区制作投稿了不错的视频时，可以把自己的视频内容提炼成图文，把这些提炼的内容或者是相关的参考资料发布到自己的专栏中，为该视频进行宣传推广。

或者是在专栏内发布一些难以做成视频形式的文案内容，以专栏图文的形式展示给 B 站用户，通过专栏优质的推文，为自己的 B 站账号进行引流推广。

当 UP 主在专栏发完文章后，还可适当挑选一些自己认为重要的评论进行回复，以此来吸引更多的用户进行交流互动。

不过，对于重复提问和灌水性质的评论，UP 主可以直接选择不予理会。图 11-21 所示为 UP 主在专栏评论区和用户互动。

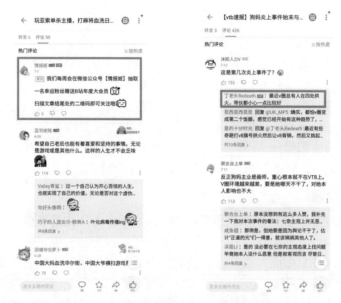

图 11-21　UP 主在专栏评论区和用户互动

▶ 099　B 站的运营技巧

面对潜在能力巨大的 B 站，普通用户如何正确地去做好视频文章发布和运营？本节将介绍选短视频发布和运营的一些技巧及相关的注意事项。

1. 选择合适的发布时间

在发布 B 站视频时，作者建议大家的发布频率是一周至少 2～3 条，然后进行精细化运营，保持视频的活跃度，让每一条视频都尽可能地上热门。至于发布的时间，为了让你的作品能被更多的人看到，一定要选择在线人数多的时候进行发布。

据相关数据统计，看视频最多的场景是在饭前和睡前。尤其是睡前和周末、节假日这些段时间，B 站的用户活跃度相对高一些。建议大家的发布时间最好控制在以下 3 个时间段，如图 11-22 所示。

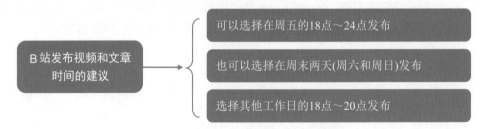

图 11-22　B 站视频发布时间的建议

同样的作品在不同的时间段发布，效果肯定是不一样的，因为流量高峰期人多，那么你的作品就有可能被更多人看到。如果运营者一次性录制了好几个视频，千万不要同时发布，每个视频发布时中间至少要间隔一段时间。

另外，发布时间还需要结合自己目标客户群体的时间，因为职业不同、工作性质不同、行业细分不同以及内容属性不同，发布的时间节点也都有所差别，因此用户要结合内容属性和目标人群，去选择一个最佳的时间点发布内容。再次提醒，最核心的一点就是在人多的时候发布，得到的曝光和推荐会很多。

➤ 2. 组建一个团队

一个人要想做好 B 站视频也是可以的，B 站很多 UP 主都是自己一个人在那儿自拍，或者拍一些自己唱歌跳舞的视频，就能积累上百万的粉丝。甚至有一些 UP 主，通过自己一个人在家里面，或者在办公室，也或者自己就在沙发上坐着，然后拍摄一些短视频，就能够火爆，这是一个人的非团队做法。不过，这种情况毕竟是少数，任何一个平台从一开始到中期再到后期，入驻的 UP 主都是越来越优秀的。

因此，在当下这种情况做 B 站视频发布和运营，作者认为发挥团队的协作能力是最好的，你可以建立一个 6 ～ 7 人的专业团队，每周只生产 2 ～ 3 条视频。在这样一种高质量、高背景、高强度以及高专业化的情况下，生产出来的内容会更加受欢迎。

因为现在大家都用碎片化的时间来阅读，如果是几小时的视频，有很多人不一定愿意看完，但如果说是十几分钟的视频，那就有很多人愿意看完。但是，如果你的视频没有给用户呈现出你要表达的效果，那么用户可能刚点进去就退出了，这样对于团队创作的信心还是有所打击的。

这里主要是强调有团队的自媒体运营者或相关企业，可以开始布局 B 站短视频运营。因为在团队的协作下，只要舍得投入金钱和精力，不管是涨粉，还是整个运营策略，都能够更快速地得到发展，并且把这个事情做好。

当然，在组建视频创作团队时，高效率都是大家共同追求的目标，我们可以使用 5P 要素来帮助自己打造一个拥有高效率特征的视频团队，如图 11-23 所示。

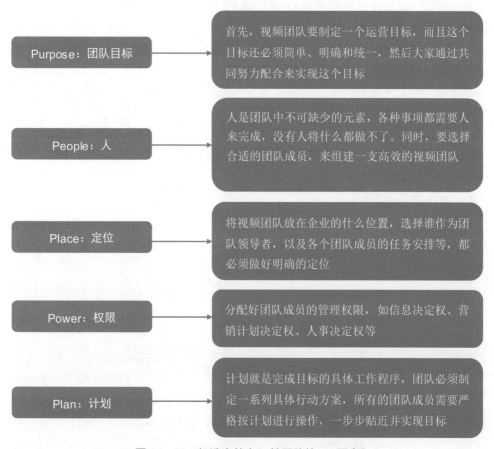

Purpose：团队目标	首先，视频团队要制定一个运营目标，而且这个目标还必须简单、明确和统一，然后大家通过共同努力配合来实现这个目标
People：人	人是团队中不可缺少的元素，各种事项都需要人来完成，没有人将什么都做不了。同时，要选择合适的团队成员，来组建一支高效的视频团队
Place：定位	将视频团队放在企业的什么位置，选择谁作为团队领导者，以及各个团队成员的任务安排等，都必须做好明确的定位
Power：权限	分配好团队成员的管理权限，如信息决定权、营销计划决定权、人事决定权等
Plan：计划	计划就是完成目标的具体工作程序，团队必须制定一系列具体行动方案，所有的团队成员需要严格按计划进行操作，一步步贴近并实现目标

图 11-23　打造高效率 B 站团队的 5P 要素

团队的主要成员包括导演、编剧、演员、摄影师、剪辑师等。其中，演员是最重要的角色，尤其是真人出镜的短视频内容，演员一定要有很好的表演能力或者好的颜值，这些是吸引用户持续关注的必要条件。

视频团队的主要工作包括选择主题、策划剧本、拍摄剪辑、特效制作和发布维护等。总之，只要你的产品有一定的传播性，你能够有更好的创意，有团队能够把它拍摄出来，都能够有机会火爆。

作者注意到，很多短视频都是在发布了一周甚至一个月以后，才突然开始火爆起来的，所以这一点让作者有了一个很大的感悟，那就是 B 站上其实人人都是平等的，唯一不平等的就是内容的质量。你的 B 站账号是否能够快速冲上一百万粉丝，是否能够快速吸引目标用户的眼球，最核心的一点还是在于内容。

作者一直强调一个核心词，叫"时间性"。因为很多人在运营时有个不好的习惯，那就是当他发现某个视频的整体数据很差时，就会把这个视频删除。

作者建议大家千万不要去删除你先前发布的视频，尤其是你的账号还处在稳定成长的时候，删除作品对账号有很大的影响，可能会减少你上热门的机会，减少内容被再次推荐的可能性。

这就是"时间性"的表现，那些默默无闻的作品，可能过一段时间又能够得到一个流量扶持或曝光，因此我们唯一不能做的就是把作品删除。当然，如果你觉得删除视频没有多大影响，可以删除试一下，但根据我们先前实操去删除作品的账号发现，账号的数据会明显受到很大的波动。

UP 主需要注意的一点是，快手和抖音都有隐藏短视频的功能，运营者可以将某些质量差或不想公开的视频隐藏起来，但 B 站是没有隐藏功能的，因此 UP 主在发布视频时要慎重一些。

➜ 3. 遵守平台规则

在 B 站平台里，UP 主想借助平台成功实现变现，不光要迎合 B 站用户的喜好，首先还需要遵守平台的规则。在发布短视频前，UP 主需要认真阅读，并严格遵守《哔哩哔哩创作公约》，如图 11-24 所示。

图 11-24 《哔哩哔哩创作公约》（部分）

▶ 100 B 站推荐引流

B 站 UP 主应该都知道，一个投稿视频如果能上到 B 站的首页推荐和热门，也就代表着该视频能拥有更多的流量和曝光。能上 B 站首页推荐和热门的视频基本都会有上万的播放量，甚至有一些视频还是上百万的播放量，如图 11-25 所示。

图 11-25　首页推荐和热门

UP 主要想让自己的视频在 B 站受欢迎，就必须了解 B 站的原则和机制。

1. 内容原则

UP 主在创作内容时，需要了解 B 站的内容原则。

1）原创原则

在这个内容同质化越来越严重的时代，每个短视频平台都希望自己的用户能带来令人耳目一新的内容。

2）优质原则

原创视频不一定都是优质视频，比如视频虽然是原创的，但是剪辑混乱，这样是无法上热门的。比如，加字幕的原创视频比不加字幕的原创视频容易上热门。

3）不违规

这是 B 站的基本要求，在视频中千万不能出现反动、暴力、色情信息，视频内容最好是积极向上的，表达的思想最好是伟大、光荣、正确的。

4）真诚对待用户

UP 主在做短视频时不能做封面党和标题党，也就是说，封面和标题都要与内容有相关性。

2. 审核机制

为了让自己制作的内容快速通过审核，UP 主还需要了解 B 站的审核机制。

1）优先审核

与抖音、快手一样，B 站的审核也会参考 UP 主的权重，比如有"加 V"的 UP 主比没"加 V"的审核时间更短。

2）惩罚措施

如果权重高的 UP 主短视频出现一些违规内容，B 站官方只会删除该内容，对账号的影响较小；但是对于新人 UP 主而言，如果发布一次违规内容，那么该账号就会受到一定的惩罚，如果违规次数过多就会直接被封号。

3）阶梯审核

B 站的阶梯审核分为两种。第一种是机器人审核，如果内容合格，直接会推送给 B 站用户；如果机器审核时发现内容存在问题，就会人工介入审核。第二种就是，如果前期机器审核未发现内容违规，后期推送给 B 站用户却被举报违规，则该内容不会再被推送。

3. 推荐机制

为了让自己制作的内容上热门推荐，UP 主还需要了解 B 站的推荐机制。

1）阶梯推荐

UP 主的视频通过审核之后会被推送进一个小流量池，如果该流量池的 B 站用户对该视频收藏、点赞、投币、评论数量高，那么该视频就会投入下一个大流量池中，反之该视频就会被停止推荐。

2）热门推荐

B 站热门推荐有两种方式。第一种方式是该视频获得的流量大，该视频就会被算法推荐到首页热门；第二种方式是某些视频虽然流量未达到上热门的要求，但内容优质，就会被人工推荐上首页热门。

4. 内容评估

B 站对 UP 主的短视频一般都是从以下 4 个角度进行评估。

1）点赞量

点赞量反映的是短视频受欢迎的程度，对 UP 主而言，点赞量越高，意味着被推荐的次数越多。

2）播放量

播放量代表的是点进去观看的次数，对 UP 主而言，播放量越高，意味着被推荐的次数越多。

3）分享量

只有用户认为对自己有价值的视频，他们才会选择分享。在内容评估中，视频分享量和推荐量成正比关系。

4）弹幕量

它反映的是用户与视频 UP 主之间互动的频率，评论量越大的 UP 主，其粉丝黏性往往也越高。

▶ 101 B 站内部变现

B 站从一个二次元内容分享网站逐渐发展成综合性的视频网站，其内部变现也逐渐变得多种多样，UP 主可以参与官方的相关扶持计划，快速实现变现。

➡ 1. 创作激励

B 站在 2018 年初推出了"创作激励计划"，让 UP 主们通过原创视频获得相关收入。"创作激励计划"的主要适用内容范围是 B 站的视频、专栏稿件和 BGM 素材。如果 UP 主上传的内容符合以下任意条件，即可申请加入"创作激励计划"，如图 11-26 所示。

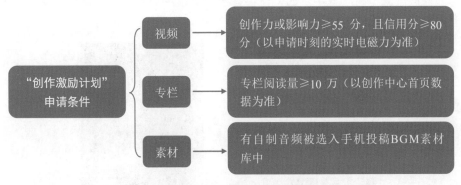

图 11-26 "创作激励计划"申请条件

当 UP 主加入"创作激励计划"后，播放量达到一定水平时，即可获得平台的分成，如图 11-27 所示。

图 11-27 创作激励

➡ 2. 充电计划

UP 主可在"稿件管理"界面中申请加入"充电计划"，审核通过后，UP 主即可接受 B 站用户的电池打赏，如图 11-28 所示。

图 11-28　充电计划

B 站推出"充电计划"的原因主要有 3 个。

（1）"充电计划"的推出不会影响普通用户观看视频和发送弹幕的体验。

（2）"充电计划"旨在鼓励 UP 主创作原创内容。

（3）保持 UP 主独立性，扩展 UP 主的经济来源。

B 站用户进入 UP 主个人界面，即可看到本月有多少用户给他"充电"。比如我们打开 UP 主"进击的金厂长"的个人界面，可以看到本月有 256 人给他"充电"。当用户在该界面进行"充电"时，就会弹出"请选择充电电量"弹窗，用户可在此弹窗内自定义"充电电池"，如图 11-29 所示。

图 11-29　给 UP 主充电

值得注意的是，人民币 1 元即可兑换 10 个 B 站电池。每个月 5 号，UP 主上个月的电池就会自动转换为贝壳，10 个电池转化成 1 个贝壳。UP 主可以通过贝壳进行提现，从而实现商业变现。

3. 绿洲计划

截至 2020 年 6 月，B 站的"绿洲计划"还处于试运营状态，B 站希望通过这个计划让 UP 主在商业和创作之中取得平衡，如图 11-30 所示。

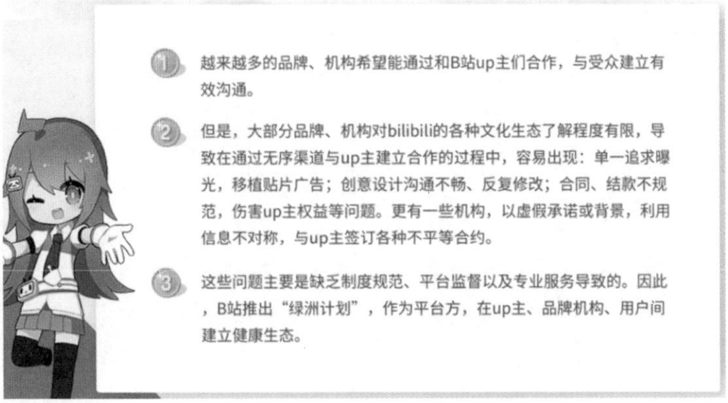

① 越来越多的品牌、机构希望能通过和B站up主们合作，与受众建立有效沟通。

② 但是，大部分品牌、机构对bilibili的各种文化生态了解程度有限，导致在通过无序渠道与up主建立合作的过程中，容易出现：单一追求曝光，移植贴片广告；创意设计沟通不畅、反复修改；合同、结款不规范，伤害up主权益等问题。更有一些机构，以虚假承诺或背景，利用信息不对称，与up主签订各种不平等合约。

③ 这些问题主要是缺乏制度规范、平台监督以及专业服务导致的。因此，B站推出"绿洲计划"，作为平台方，在up主、品牌机构、用户间建立健康生态。

图 11-30　"绿洲计划"的背景

UP 主参与这个计划后，不仅能获得与广告商合作的机会，而且 UP 主的利益也会受到进一步的保护，如图 11-31 所示。

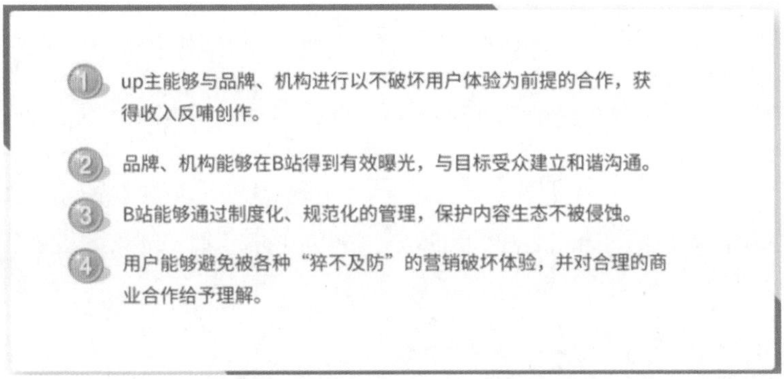

① up主能够与品牌、机构进行以不破坏用户体验为前提的合作，获得收入反哺创作。

② 品牌、机构能够在B站得到有效曝光，与目标受众建立和谐沟通。

③ B站能够通过制度化、规范化的管理，保护内容生态不被侵蚀。

④ 用户能够避免被各种"猝不及防"的营销破坏体验，并对合理的商业合作给予理解。

图 11-31　"绿洲计划"的目的

第 12 章

视频号：
异军突起吸引用户关注

学前提示

在思考怎样运营视频号之前，我们首先需要知道什么是视频号，以及与它有关的信息，了解了这些信息之后才能更好地进行运营和变现。本章将介绍视频号的运营知识，揭开视频号神秘的面纱。

要点展示

- ▶ 视频号的诞生
- ▶ 视频号的功能
- ▶ 视频号的定位
- ▶ 视频号的运营
- ▶ 平台横向对比
- ▶ 视频号的优势
- ▶ 玩转视频号

▶ 102 视频号的诞生

随着 5G 时代的到来，网络的速度加快，网络媒体也开始把重心从图文向视频靠拢。不得不说，5G 时代的来临给各个短视频平台提供了更好的发展机会。现在，人们的生活越来越离不开短视频，可以这样说，刷短视频已经成为人们打发时间的主要休闲娱乐方式。

在 2019 年"微信之夜"上，张小龙说："一个人不管有多少好友，基本每个人每天在朋友圈里花的时长是 30 分钟左右，所以当朋友圈的半小时刷完之后，用户就会去找别的消遣，短视频是其中最多的选择。"

在互联网时代，各个平台之间的战争，本质上就是对于用户时间争夺的战争。因为对于它们来说，获得的用户越多，占据的用户时间越长，平台获得的商业空间也就会越大。而且抖音、快手等短视频平台的发展，已经证明短视频是一个极具发展潜力的行业，腾讯又怎么会放弃短视频这一拥有巨大红利的领域呢？

2020 年初，腾讯就在微信的"发现"页面推出了"视频号"的入口，其位置就在"朋友圈"功能的下面。图 12-1 所示为微信的视频号入口。

图 12-1　微信的视频号入口

腾讯在短视频方面一直都比较欠缺，先前推出的微视也被抖音压制，一直都没有掀起多大的水花。从微信的视频号入口位置可以看出腾讯对短视频的重视，这次腾讯想要趁着 5G 时代的到来，借助微信的力量实现视频号在短视频领域的突围。接下来，作者就带领大家认识一下微信的视频号。

▶ 103 视频号的功能

和传统短视频平台功能差不多，视频号支持发布 1 分钟以内的视频或者 9 张以内的图片，用户遇到喜欢的视频内容可以进行点赞和评论。

下面我们将对与视频号相关的内容和功能特点进行简单介绍，帮助大家更加深入了解视频号，然后更好地运营。

➤ 1. 短视频标题

视频号的短视频标题最多可以写 140 字，但是在短视频发布后，如果标题字数太多，就不会显示所有文字，其中最多可以显示 3 行文字内容（约 65 字），其余文字内容就会被折叠，用户需要点击"展开"才可看到标题的全部内容。图 12-2 所示为视频号短标题和长标题的案例。

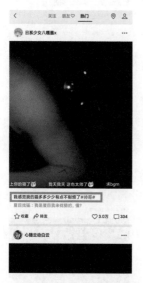 

图 12-2 视频的短标题（左）和长标题（右）

我们可以看到左边的短视频标题比较短，视频号用户能看见全部标题内容，而右边的短视频标题比较长，短视频用户要想看全部内容，就需要点击"展开"按钮。

一般来说，不建议视频号运营者写很长的标题，否则不利于视频号用户快速了解短视频的内容。

➤ 2. 添加文章超链接

视频号运营者发布内容时，可以在短视频的下方插入公众号文章的超链接。视频号是独立创建的，与微信公众号的粉丝是不相通的，而插入超链接则是目前唯一的可以将两者打通的方法。在短视频下插入超链接，不仅可以为用户拓展阅读，还可以为微信公众号进行引流，如图 12-3 所示。

图 12-3　在视频号下方插入公众号文章超链接

3. 添加位置

视频号添加位置和微博的定位差不多，可以定位到某某市等比较大的位置，也可以定位到某某小区等具体的位置，位置不是必须添加的，这要看视频号运营者的习惯。图 12-4 所示为添加定位的短视频。

图 12-4　添加定位的短视频

4. 添加带话题

视频号运营者在发短视频或图片时，可以带上与所发内容相关的话题，这样喜欢看该领域内容的用户就会被推送看见，增加了其曝光量，如图 12-5 所示。

图 12-5　视频号可以带话题

5. 朋友圈分享

视频号用户在视频号看到感兴趣或者喜欢的内容，可以发送给微信好友或者收藏，还可以分享到朋友圈，如图 12-6 所示。

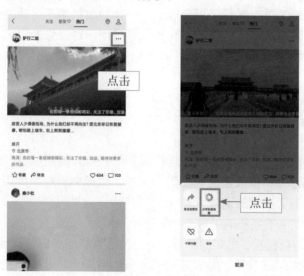

图 12-6　视频号可分享到朋友圈

如果不感兴趣，也可以点击"不感兴趣"按钮，之后微信官方就不会再推荐这个账号发布的视频或这类内容给你了。

6. 名字更改

有的视频号运营者可能对于自己刚开始创建的视频号名字不满意，或者出于某些原因，视频号运营者需要更改视频号的名字。我们可以在视频号的资料页面修改名字，如图 12-7 所示。

图 12-7　视频号名字的修改

不过需要注意的是，视频号平台规定，一年更改名字不可超过两次。而且作者也不建议大家频繁更改名字，否则不利于视频号用户对账号的记忆，也会间接损失一部分先前的粉丝。

▶ 104　视频号的定位

微信作为即时通信工具，可以说通信是它的核心，但是随着微信各种功能的推出和完善，微信已经不仅仅是通信工具。例如，微信小程序、微信公众号等功能的推出，让人们看到了微信的无限可能性。

有人说："微信不是通信工具，而是链接工具。"微信在"人""内容"和"服务"各内容之间进行链接，例如服务号、企业微信等功能的成功推出，使得这种"链接"布局的发展也越发清晰。微信的未来发展也将基于"链接"主题，即在现有链接的基础之上，去补充链接手段。

目前来说，这种方法虽然比较烦琐，但却是可用的，算是不得已的折中手段。不过从先前微信小程序的发展历程及微信的链接主题来看，实现微信更多维度的数据打通和账号链接也是指日可待，因而微信小程序、公众号和视频号三者之间的关联也会越来越大。

视频号的战略定位其实就是补全微信的内容生态，那么视频号主要为微信补全的是哪些方面呢？作者这里简单介绍一下，视频号主要为微信补全了短内容平台、中距离广告能力、用户的被动获取等方面的内容，让微信的生态内容更完整，随着微信和视频号的发展，其未来可期。

1）短内容的发布

微信公众号更适合长篇幅、有深度和专业知识的内容，不适合短内容的发布，也不适合短内容创作者发展。然而视频号却很好地弥补了这一点，短视频的形式可以让运营者要表达的内容更加生动形象，且内容长度和深度要求不高。

2）中距离广告能力

微信好友不能突破5000个微信联系人的限制，所以朋友圈的传播能力有限，但是视频号可以让传播范围宽广很多。

3）用户被动获取

因微信公众号核心机制的限制，需要关注公众号才能获取内容，再加上用户很少自己主动去搜索公众号，所以运营者很难提高内容的浏览量。但是视频号的出现，打通了微信公众号推文的另一个流量端口。

▶ 105 视频号的运营

截至2020年7月，视频号仍然不够成熟，其账号类型和内容形式也还不多。作者这里收集了几种目前在视频号上出现比较多的账号类型及内容形式，希望可以给视频号的运营者厘清一些思路。就目前来说，视频号主要有个人号、企业号和官方号这3种类型。

➡ 1. 个人号

微信推出视频号是为了弥补短内容方面的缺失，降低创作的门槛，打造一个人人都可以创作的平台。虽然朋友圈也可以发视频动态，但是它有人数上的限制，即最多不能超过5000人，而且朋友圈定位是熟人互动，属于私密社区，并不能充分满足个人自我表达和获取名利的欲望。

相对于抖音、快手而言，视频号互动性更强，所以高质量的原创内容在视频号将会有更强的传播力。在内容为王的时代，对于视频号的个人号而言，找准自身的定位、创作优质的作品，是获得关注、创造收益最直接的手段。图12-8所示为视频号的个人号截图。

 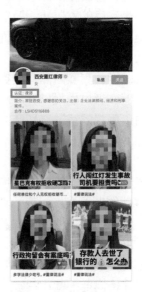

图 12-8　个人号

2. 企业号

　　企业号主要包括个体工商户、企业等注册并认证的视频号，它主要通过打造爆款内容来吸引粉丝流量，最终达到卖产品或服务的目的。图 12-9 所示为视频号的企业号页面截图。

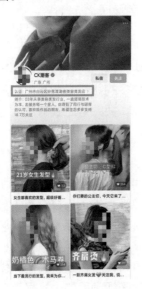 

图 12-9　企业号

企业在运营视频号前，首先要找准自己的目标客户群体，然后根据其用户属性创作垂直领域的视频内容，并且持续输出高质量的内容，激发客户购买的欲望。

3. 官方号

官方号以品牌号为主，它为品牌输出口碑、扩大品牌曝光度、提高产品转化率提供了平台。品牌在输出内容时，最好与当下的热点相结合，从而争取更多的流量，达到更好的宣传效果。图 12-10 所示为视频号的官方号页面截图。

图 12-10　官方号

▶ 106　平台横向对比

视频号可以发图片和短视频，但是一般以短视频为主，这一点与抖音、快手比较相似，但是视频号与抖音、快手又有差别。

因为抖音与快手两者比较类似，所以作者就以抖音为例，从内容呈现方式、内容推荐逻辑、视频编辑功能、内容发布方向这 4 个方面对视频号与抖音的差别进行具体解读。

1. 方式更多

首先讨论在内容呈现方式上的差别，视频号的内容呈现方式为信息流呈现方式，其社交性更重一些。而且视频号既可以发布横屏视频，也可以发布竖屏视频，官方并没有更支持发哪一种视频。

抖音的内容呈现方式则为单屏呈现方式，内容沉浸性更强一些，更能增强用户刷视频时的体验感。因此，抖音官方也更加鼓励用户发竖屏视频。图12-11所示为视频号和抖音的短视频浏览页面。

图12-11　视频号（左）和抖音（右）的短视频浏览页面

2. 内容推荐

在内容推荐逻辑上，两者的推荐机制基本上都是社交关系＋算法。不过视频号推荐比较偏社交关系，而抖音是算法推荐更占主导地位。

视频号的社交性更强，你发的视频大多时候会推荐给你的微信好友，然后你可以看到你好友的点赞，你好友的其他好友也可能看到你的视频。视频号更依赖于社交关系，而且吸引过来的粉丝忠诚度更高。

而对抖音来说，一般会先给用户推荐其关注的账号发布的内容，还有根据用户的浏览习惯和热门内容来推荐短视频。

3. 剪辑功能少

视频号作为刚刚起步的短内容平台，各种功能都还不完善，用户体验这一点和抖音还有比较大的差距。

尤其是微信视频号的视频编辑功能与微信朋友圈的视频编辑功能相同，就是简单地添加表情包、添加文字、添加音乐和剪切功能，用户想要创作优质的内容还是需要借助其他的剪辑软件。不过，视频号还处于刚开发的初期，后期微信团队应该会推出更多的视频剪辑功能。

而抖音的视频编辑功能相对于微信视频号的视频剪辑功能来说就比较强大，抖音可以添加滤镜、字幕、文字、小道具等，而且其背景音乐库非常丰富。抖音还推出了拍同款的功能，帮助视频剪辑小白快速产出优质视频。图 12-12 所示为视频号和抖音的短视频编辑界面截图。

图 12-12 视频号（左）和抖音（右）的短视频编辑界面截图

4. 类型不多

就短视频的内容方向来说，目前视频号上发布较多的内容主要是生活类视频、新闻类视频、知识类视频，而抖音上则是娱乐搞笑为主要的视频类型，而且抖音上的剧情类视频较多。

当然，现在视频号才刚开始发展，当用户大量涌进之后，不排除视频号的内容类型倒向娱乐和剧情类的可能。

▶ 107 视频号的优势

视频号虽刚刚起步，各种方面还很难跟抖音、快手等成熟的短视频平台抗衡，但是视频号有抖音、快手等短视频平台没有的优势。这一节就来分析一下视频号在短视频领域的优势。

1. 流量巨大

以抖音为例作对比，抖音是字节跳动推出的一款产品，属今日头条的旗下。今日头条本身就拥有很大的流量，字节跳动就采取高频打低频的策略，借助今日头条的巨大流量带动抖音流量的快速增长。

虽然今日头条的流量很大，但是和微信比起来是有不小的差距。据统计，微信的日活跃用户达 10 亿，所以这种用高频打低频的策略同样适用于微信视频号，然后再借助微信的社交关系，利用得好就会给视频号吸引巨大的流量。

大家还记得微信是如何崛起的吗？最开始流行的是 QQ，后来才有微信，但是慢慢地微信就基本取代 QQ 成了我们最常用的社交软件。其实，当年腾讯就是利用 QQ 的社交关系网，将流量引流至微信的。

抖音就很难利用微信的社交关系，抖音用户没有办法直接吸引微信用户关注自己的抖音号，就算是将自己的抖音视频分享到朋友圈，其引流的效果也并不好。因为微信和抖音是两个不同的 App，微信好友看过你的分享之后想要关注你，还需要重新打开抖音再关注，这样也会损失一部分流量。

而视频号属于微信推出的产品，不需要两个 App 之间来回折腾，所以其引流效果也会更好，更有利于视频号的推广。

▶ 2. 降维渗透

一般来说，一个新产品的推广都是先基于某一个圈层，然后再向其他圈层渗透。比如，快手是从四五线城市向上探，也就是说先在四五线城市推广开来，最后渗透到一线城市，抖音则相反，它是从一线城市向下探。

在这一方面，视频号则基本上从一线城市到四五线城市是同步发展的，也就是说视频号是无差别降维渗透，这样更利于视频号大量的引流和未来的发展。

▶ 3. 私有域流量

前面所说的两点是针对视频号来说的，而建立社交闭环和私域流量更多的是对视频号运营者有利，当然也有利于视频号平台自身的发展。

在抖音中有很多的抖音运营者会将自己的微信号写在账号主页的简介处，他们此举也是为了建立自己的私域流量池，将抖音用户导流到微信中去，建立更亲密的社交关系，便于后面变现。视频号的战略定位就是补全微信的内容生态，其与微信的相关联系更加快速和精确，导流效果也会更好。

视频号运营者可以通过微信好友、社群、朋友圈、公众号推广自己的视频号，也可以将视频号用户转化为微信好友，建立"微信 + 社群 + 公众号 + 视频号"的社交闭环和私域流量生态。

▶ 108 玩转视频号

视频号要想商业化，首先需要在视频号上发布优质内容，然后还要配上比较好的文案和标题。除了发布优质的内容之外，作者这里还整理了一些辅助方法，让你的视频号获得更多的关注和喜爱。

1. 制作封面

了解微信公众号的用户应该知道,公众号发布的文章封面的展示方式大多是"标题＋图片",很少有单纯是一张图片的展示方式,如图12-13所示。

图12-13 公众号发布文章的封面截图

而且,图片可以是文章中的,也可以是没有在文章中出现过的,一般追求的是既吸引用户目光,又贴合文章内容,因为封面的好坏几乎决定了用户是否点击观看。

但是短视频的封面展示方式则与图文消息不同,一般来说,短视频创作者会将重要信息或者吸引人的信息用醒目的文字添加到封面。图12-14所示为视频号运营者发布视频内容的封面截图。

图12-14 视频号运营者发布视频内容的封面截图

这样做有两点好处。一方面，视频号运营者可以通过封面迅速吸引其他用户的注意，其他用户也可以第一时间判断出自己是要跳过这个短视频还是继续观看，无须多浪费时间；另一方面，封面的文字比较醒目，便于运营者自己和其他用户后续的查找和观看，节省了时间。

这一点对于视频号运营者来说非常重要，虽然视频号目前发布内容的封面无法自己选择，但是一般在视频号上发布短视频时是以第一帧内容为封面，我们在进行视频剪辑的时候，可以将第一帧画面制作得更吸引用户一些。

2. 推出时机

就短视频方面而言，视频号发布的短视频的时间长度必须是 1 分钟以内，有时候 1 分钟并不足以讲明白一个故事。而且对于视频号运营者来说，每期短视频都出一个新的创意或新的故事，人力成本和时间成本太高。

如果是经常刷短视频的用户，应该在其他短视频平台上看到过类似"连续剧"形式更新的短视频内容，我们可以把这种形式称为"连续剧式策划"，很多视频号运营者就是靠这个方法来增加粉丝黏性的。图 12-15 所示为视频号"叶公子 ye"发布的短视频内容截图。

图 12-15 "叶公子 ye"发布的短视频内容截图

该视频号运营者将自己的短视频内容分为上下两集，在上集制造悬念引起其他用户的兴趣，有喜欢内容的用户还会在评论处催更新，下集揭开谜底。这种类似"连续剧"的内容，容易引起视频号用户的持续关注，同时也能带动下集视频的观看量，而且短视频的完播率也会比较高。

又比如，"陈翔六点半"创作的视频一般都超过 1 分钟，所以他就将视频分集发布，如图 12-16 所示。

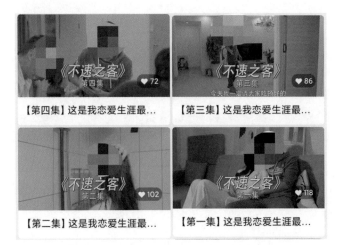

图 12-16　"陈翔六点半"发布的分段视频内容

3. 平台优势

现在很多网红原本都名不见经传，却因为抖音平台火起来了。比如，现在已经进军娱乐圈的某网红，他就是因为在抖音上发布了一条《心愿便利贴》的手指舞视频而火起来的。

他发布这条视频的时候，《心愿便利贴》正是当时抖音平台最火的背景音乐，手指舞也正是爆红的时期，再加上他自己的减肥励志故事，于是他的抖音号就获得了不少的关注，他也变成了一个比较火的网络红人。

所以，很多抖音运营者专门挑近期比较火爆的音乐跟拍，这种借助平台已有流量的背景音乐，用户比较爱看，视频也更容易火。

对于视频号的运营来说，虽然大家都处于摸索阶段，但是内容的编辑和运营"万变不离其宗"，视频号运营者只要将微信生态内的经验和其他短视频平台的运作经验结合起来，掌握视频号运营要点，第一拨红利就会近在眼前。